カフェをはじめる人の本

はじめに

コーヒーを飲みながら、ひとり、読書の時間を楽しむ人。
おいしいケーキや料理と一緒に、友達とのおしゃべりを楽しむ人。
気分を奮い立たせるために、エスプレッソをすする人。
カフェを訪れる人の目的は、実にさまざま。
ただ、共通していえることは、カフェは私たちの生活に確かなうるおいと
ちょっぴりのスパイスを与えてくれる空間になっているということ。
こうして私たちの生活の中にすっかり定着したカフェ。
自分だけの自分らしいカフェをつくりたい！
と夢をもつ人も多くなっています。
本書は、そんな人たちの夢実現へのお手伝いができればと考えます。
カフェを開くことはそんなに簡単なことではありません。
でも、決して不可能なことでもありません。
夢を実現させた先輩たちのさまざまなケースと開業のノウハウが
みなさんの参考になることを願います。

味わい深いナチュラルな木の感じを基調にした店内。

Layout & Interior
レイアウト＆インテリア

自分たちで作り上げた 70％のtorseスタイル

100％完璧でなく、あえて70％の完成度で。高級な栗の木で作ったカウンターにはバラバラなイス。天板の傷も味として取り入れます。残り30％の余白が緊張感から解放された緩やかな空間にしてくれます。

お気に入りのアンティークの本棚はもうひとつのtorseの顔。

調理道具もアンティークの雑貨とともにホールの棚に。

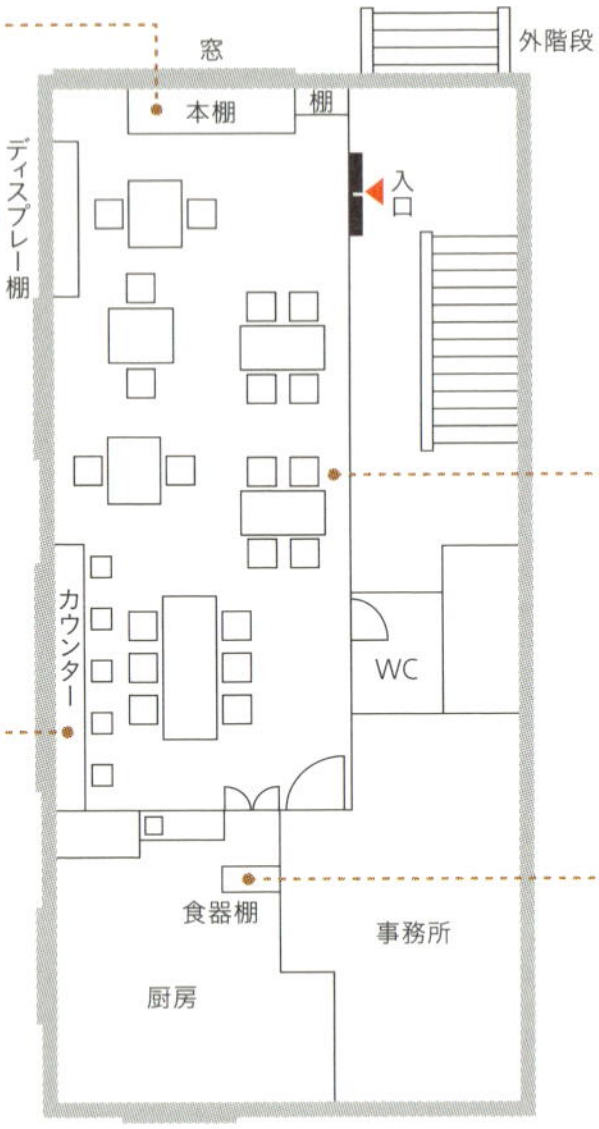

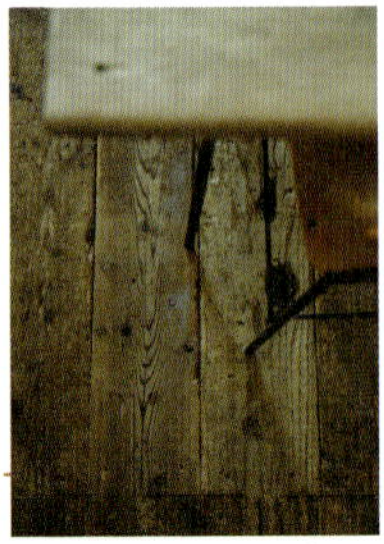
自分たちで張った床は、あえて素人感を出して緊張感を削いだ。

贅沢に栗の木を使ったカウンターも手作り。

ホールに向いて置かれている食器棚は中に照明を入れて。

1日の流れ

- 9:00 起床。
- 10:00 犬の散歩や買い出しなど。
- 11:00 店に到着。仕込みや掃除などオープン前の準備。
- 12:00 オープン。
- 15:00 交代で休憩1時間。
- 24:00 クローズ。
- 1:00 就寝。

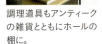

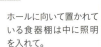

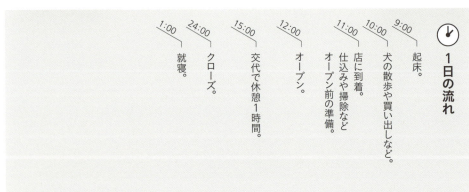

カフェをはじめる＆続けるための
Q&A

スイーツはアスティエ・ド・ヴィラッドのお皿で。

Q メニューは誰が開発していますか？

A 料理とバーメニューは私（敦司さん）が、スイーツは妻が担当です。昔、地元・名古屋のオムライス屋で働いていたことがあって、そのときのメニューをアレンジして作っています。ふわとろじゃない昔風のオムライスで、カフェの看板メニューとして人気があります。デザートの開発については妻が担当なのでノータッチですが、全体のバランスは私が見ています。

torseオリジナルCD。時を忘れる音楽。

Q 物販にはどんなものがありますか？

A エプロンのブランド・DRESSENとのコラボ商品のtorseオリジナルエプロンや旧東ドイツの音楽家ヘニング・シュミートによるtorseオリジナルCDがあります。どちらもプライベートな時間に知り合った人たちとのつながりで商品化という話になりました。HPや店頭でひっそり売っているといった感じで、積極的なセールスはしていません。

一緒に働くうえでコミュニケーションは大切。

Q アルバイトの採用で気をつけていることはありますか？

A 店の雰囲気に合うということは大前提ですが、華のある子がいいなと思います。それは見た目の美しさというより、笑顔が素敵で明るいとか。それと、せっかく仲間として一緒に働くのだから、突然辞められるのは困る。前の仕事は長く続けていたかなども気にします。年齢は関係ないですね。若くてもしっかりした人はたくさんいますから。

お客さんとの程よい距離感がお店全体の雰囲気を生む。

Q お客さんの対応で心掛けていることは？

A 距離感ですね。たまにほかのお店に行くと、常連さんばかりで入りにくいということがありますが、そういうスタイルは好きではないし、カフェのコンセプトに「誰でも入りやすく居やすい場所」というのがあるので、常連さんに対しても程よい距離感で接するようにしています。

東京で開業したカフェ

02

好き！を集めたどんぶりカフェ

新宿区新宿
BOWLS cafe

友達同士ではじめたカフェは
いつしかみんなの夢も
叶える場所になった

店主・生田目さんが考える

カフェをはじめるのに大切な3つのこと

店主
生田目恵美子さん

1 ひとりでも、仲間と協力するときでも いつもぶれないコンセプトをもつ

開業準備のときも、お店を続けていく中でも共同経営者のふたりの考えがぶれないようにはじめにコンセプトブックを作って、細部にわたるまでイメージを共有しました。今はスタッフにも見てもらっています。

2 資金は無限ではない。使い方にメリハリをつけ、効果的に

資金は限りあるもの。大切に使わなければすぐになくなってしまうので、使うところと使わないところのメリハリをつけました。コンセプトブックのおかげで迷いがなく、無駄な出費をしないで済んでいます。

3 お店に携わる人とは、気持ちのつながりを築く

それは共同経営者だけでなく、仕入れ先の人や工務店の人など、お店に関わるすべての人。お金だけでなく、親身になって気持ちで動いてくれる人と関係を築くことがお店を経営するうえで助けになります。

DATA

BOWLS cafe　ボウルズカフェ

新宿区新宿2-5-16霞ビル1F ☎03-3341-4331
http://bowlscafe.com

BOWLSはどんぶりを意味する言葉。お腹いっぱい食べて欲しいと、どんぶりもののメニューを揃え、ハンドメイドの雑貨やジャムなどの販売もしています。ビジネスマンや観光客も多い新宿御苑前で、訪れる人を自宅に招き入れるように、やさしく迎え入れてくれます。

開業日	2004年8月
開業までの期間	約1年5カ月
開業するまでの投資額	800万円
店舗物件契約保証金、礼金、不動産手数料など	240万円
内装工事費	60万円
什器、備品費など	300万円
運転資金	200万円
店舗規模	10.44坪
席数	21席
1日の平均客数	平日50～80人、土日祝80～120人
1日の売上目標	8万円

ほっと落ち着く 人にも犬にも心地いい空間

5

6

7

8

女性ふたりではじめた夢いっぱいのカフェ

桜や紅葉の名所として人気の高い新宿御苑。最近では外国人観光客も多く訪れるその公園の向かいに、お店をオープンしたのは２００４年のこと。アパレル企業のOLだったオーナーの生田目さんが同期の友人と28歳ではじめました。仕事で忙殺され、何も残らない日々。どうせ仕事をするなら自分たちが本当に好きで、努力が報われるような、そんな仕事をしたいと選んだ道。開業までの期間は驚くほど短く、会社を辞めてわずか半年だったそうです。

「忙しくて使う暇もなく貯まったお金。ふたりで４００万円ずつ出し合って、８００万円でとりあえず3年やってみようと。ダメでも夢を買ったと思えば諦めもつくって。今考えると若いからこそできたことかも（笑）」

そうして女性ふたりの共同経営による夢のカフェがスタートしました。２０１４年には大きな

1 緑豊かな新宿御苑が目の前に見えるテラス席。**2** ディスプレーを見るのも楽しい。**3** 犬の入店もOK。**4** きれいに並べられた食器や調味料。忙しいときも作業がスムーズに。**5** 食欲をそそる本日のどんぶり。**6** 人気の季節のスクエアケーキ。**7** ハンドドリップで淹れるボウルズブレンド。**8** レモネードアイスティーは自家製シロップを使用。

3

1

2

4

OPENまでの道のり

- **2003年3月**
  会社の同期の友人と自分たちの好きなことが詰まったカフェをやろうと決め、物件探しを開始。
- **2004年3月**
  6年間勤めた会社をふたり同時に退社。
- **2004年4月**
  物件を契約。
- **2004年5月**
  別々のカフェでアルバイトをはじめ、経験を積む。
- **2004年6月**
  知り合いに紹介してもらった工務店で見積もりを取り、店舗設計と壁の塗装は自分たちで行うことに。同時期に雑貨や什器類なども購入。
- **2004年7月**
  水回り工事、内装開始。
- **2004年8月**
  プレオープンに3日、問題点の修正に2週間かけた後、オープン。

×××××××××××××××××××××××××××××××

Owner's particular one
店主のこだわり

ランチをお腹いっぱい食べたり、友達とお茶を飲んだり。その日の気分でカフェを楽しんでもらいたいので、インテリアのテーブルやイスはそれぞれ違うデザインのものを選んで使用。ドッグカフェではありませんが、ルールを守ってもらえばワンちゃんの入店もOKです。

×××××××××××××××××××××××××××××××

出来事も。共同経営者だった友人が結婚をして遠くに住むことになり、お店のメイン業務から離れることになったのです。今は数人のスタッフと一緒にお店を切盛りしています。

「カフェをはじめるときに、あらゆることを決めたコンセプトブックを作り、スタッフが変わるたびに見てもらっているんです」

新しいスタッフを決めるときも何か夢を持って訪ねてきた人を採用しているそうです。実際ここで経験を積み、カフェを起業した人もいるのだとか。夢を叶えようとはじめたふたりの場所が、今ではほかの人の夢を叶える場所にもなっているのです。そして最後に、とっておきの話をしてくれました。

「外国人のお客さんに、ここでプロポーズしたいから協力してほしいと頼まれたときがありました。デザートと一緒にリングを出すんですけど、私もドキドキでした。そういうときってカフェをやっていてよかったな、って本当に思いますね」

Layout & Interior

レイアウト＆インテリア

狭いスペースでもアイデアいっぱい。参考にしたい、圧巻の収納術

雑貨好き、インテリア好き、ハンドメイド好きの本領発揮。おしゃれと実用を兼ねた手作り収納の数々。狭い店だからと諦めないで。アイデアといくつかのルールで、すっきり心地よい空間が生まれます。

手作りの吊り棚は自然に馴染むように壁の色と合わせた。

壁際のベンチ下はすべて収納。たっぷり入る。

お客さんの座るスツールもこの通り！ 使用頻度の低いものを。

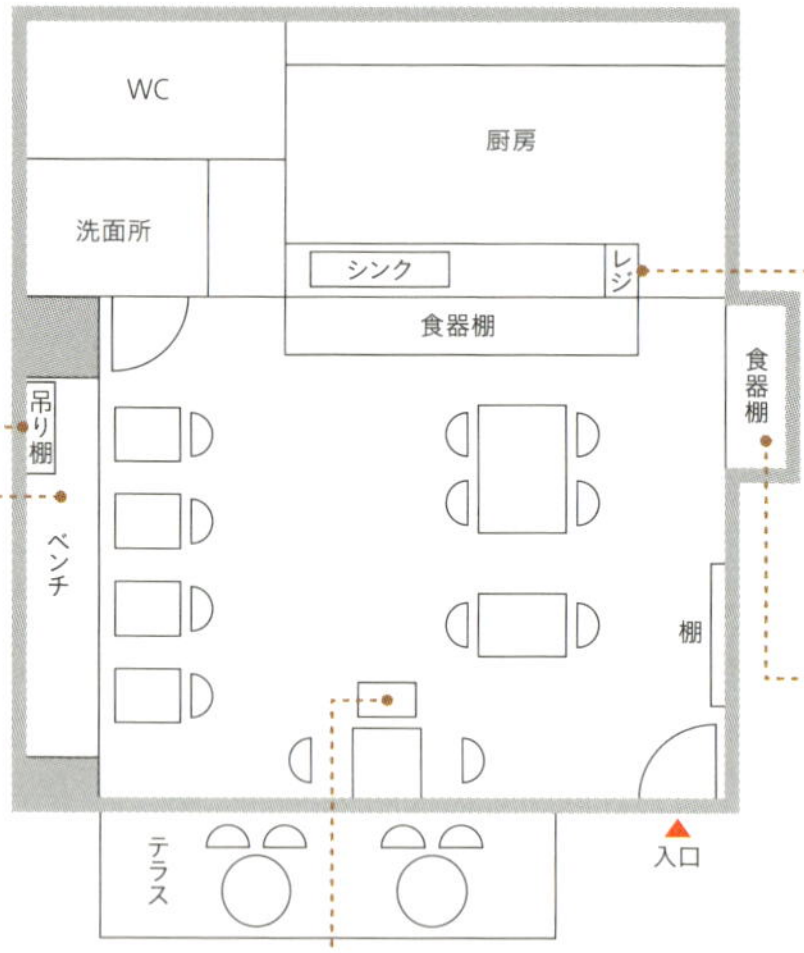

レジ下のメニューの定位置は、そうめんの空き箱を切って作ったもの。

ホールの壁にある手作り棚。きちんと並べればこんなにもきれい。色を絞り、ガラスと陶器を程よく散らして。

1日の流れ

7:30 起床、メールチェック、犬の世話。

9:00 家を出る。途中で仕入れや買い物、銀行など。

11:00 お店に到着。オープン準備。

11:30 オープン。キッチン業務。

17:00 台帳チェックやお金の管理などを行う。

19:00 スタッフにお店を任せて、夕食の買い物などを済ませ、帰路へ。お店は21：00まで営業（月により変動）。

19:30 帰宅し、メールチェック。

20:00 夕食の準備。

21:00 夕食を済ませ、プライベートな時間を過ごす。

24:00 就寝。

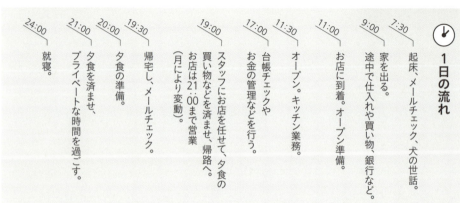

カフェをはじめる＆続けるための

Q&A

Q　外国人のお客さんに何か特別なことはしていますか？

A　特にしていません。注文などのときにもなんとなくわかるので。メニューも特に外国人のお客さんのためのものはありませんが、SNSが発達したおかげかタパスメニューなどは人気で、携帯の写真を見せて注文してくれたりします。日本茶や、ほうじ茶などもあるので、ほうじ茶ラテなども珍しいようで人気があります。

日本ならではの味にファンになる人も多い。

Q　雑貨の販売もあるようですが？

A　かわいいと思った雑貨や食器、雑貨作りが好きな私やスタッフがイラストを描いたポストカードやオリジナルの手ぬぐいなどを販売しています。手作りの棚に並べたり、木の枝やひもで吊したりと、立体的に見えるようディスプレーに工夫をしています。販売にはそれほど力を入れてはいませんが、お店に来たお客さんが楽しんでくだされぱいいかなと。

手描きのイラストがかわいいポストカードはお店のオリジナル。

Q　お店で売っているジャムや紅茶はどのように仕入れていますか？

A　ジャムは共同経営者であった友人が嫁いだ実家が果樹園だったので、そこから仕入れています。紅茶は私が直接イギリスのメーカーに連絡を取り、仕入れることになったものです。OL時代、海外出張の多かった同僚がお土産にくれたのがこの紅茶を知るきっかけです。あまりにおいしかったので、お店をはじめるなら是非扱いたいとイギリスの会社に直談判。確か日本ではうちを入れて2店舗しか取り扱っていないと思います。

惚れ込んだフレーバーティーは英国H.Rヒギンスのもの。

Q　お店で使う食器に何かこだわりは？

A　丈夫で安価で、補充がきくものを選んでいます。値段が安くて使い勝手も良いならそれに越したことはありません。コースターやマットなどを手作りして、チープに見えない、おしゃれに見える工夫をしています。ただ、バラバラと雑多な印象にならないよう色にはこだわり、茶、白、無色のガラスを基本にしています。色を揃えるだけで、すっきりとした印象になります。

ナチュラルな色合いとシンプルな形の食器は汎用性が高い。

東京で開業したカフェ

03

作りたての ベトナムおこわが主役

杉並区高円寺北
ツバメおこわ

おこわもスイーツも ベトナム仕込み。 気軽に入れるカフェ食堂

店主
平野さやかさん

店主・平野さんが考える
カフェをはじめるのに大切な3つのこと

1 どんなことが起こってもくさらない「気持ちの強さ」

お客さんが少なかったりして商売にも気持ち的にも浮き沈みがありますが、落ち込んだときでも自分や家族、常連さんを信じる気持ちの強さが大切です。

2 たくさんのことをスムーズにこなすための「段取り力」

調理、接客、在庫管理と仕込み、買い出し、皿洗い、掃除などカフェではやることがたくさん！ 特にひとりで切り盛りする人は大変です。時間内にスムーズに終わらせるための段取り力が必要です。

3 お客さんに喜んでもらうためのサービスを考える「仕掛け力」

お客さんに飽きずに来てもらうには、“ツバメカラー”を保ちつつ驚かせるようなメニューや楽しめるイベントなどを考えないといけないと思っています。どんなふうに仕掛けていくか、日々考えています。

DATA

ツバメおこわ　ツバメオコワ

杉並区高円寺北
※2018年9月に閉店。現在はイベントなどに出店。

店主の平野さんがベトナムで働いていたときに食べたおこわの味が忘れられず、現地で修業してオープンしたベトナムおこわに特化したお店。ココナッツゼリーや南国バナナのもち米包み焼きなどのベトナムスイーツと、蓮茶やベトナムコーヒーでお茶の時間も楽しめます。

開業日	2013年11月
開業までの期間	約8カ月
開業するまでの投資額	384万6500円
店舗物件契約保証金、礼金、不動産手数料など	89万6500円
内装工事費	120万円
什器、備品費など	20万円
仕入れ費	5万円
運転資金など	150万円
店舗規模	6坪
席数	10席
1日の平均客数	平日5～15人、土曜約10～35人
1日の売上目標	非公開

本場の味を再現するため
ベトナムでおこわ修業

店主の平野さんは中学2年生のときにマルグリット・デュラスの『愛人 ラマン』を読み、ベトナムに興味を抱きます。そして、東京外国語大学でベトナム語を学び、卒業後はベトナムのホーチミン市に渡り、新聞などの越日翻訳の仕事をし、帰国後、さまざまな職を経て結婚。結婚後はベトナム留学生や技能実習生の通訳・生活指導などの業務に従事していました。

「この仕事で親しくなったベトナムの学生と話をするなか、ベトナムで食べたおこわが頭をよぎりました。現地でおこわは、朝食のときや日本の菓子パンみたいな感覚で小腹がすいたときに食べるものです。あんなにおいしいものが日本では食べられるところがほとんどない。自分が食べて感激したあの味を日本でも知ってもらいたい！という気持ちが高まりました」

思い立ったら即行動するタイ

ベトナムで食べて
感激したおこわを
日本でも多くの人に
食べてもらいたい

1

2

3

1 ベトナムの結婚式に欠かせないガックおこわ。ガックというフルーツで色づけしたおこわで、ほんのりと甘い。**2** もち米の上に緑豆と豚肉をおいて、バナナの葉で海苔巻きのように巻いた、ベトナム旧正月の定番ちまきバイン・テト。期間限定販売。**3** フィルターをカップにのせたまま提供されるベトナムコーヒー。

プの平野さん。知り合いのベトナム人のツテで、ホーチミン市に住む「おこわ師匠」を紹介してもらいます。ご主人を説得してホーチミン市へ飛び立ち、4カ月間みっちりとおこわ作りを習いました。

帰国し、お店のオープン準備にかかります。物件は探しはじめてからわずか20日間で本契約。学生のときから古着を買いによく訪れていた馴染みの街、高円寺の商店街の中に位置しています。商店街は元気がなくなっている風潮がありますが高円寺は別。どことなく〝いい加減でいい〟感じがベトナムと似ているところも決めたポイントでした。

「ベトナムおこわもスイーツもたくさんの種類があるので、絞り込むのが大変でした。今はＳＮＳで情報が拡散する時代ですので、写真を撮りたくなるような見た目にも随分こだわりました」

平野さんが悩み抜いて決めたかいがあって、多くの人がツバメおこわの料理写真を拡散し、情報発信をしてくれています。

4 テイクアウトの商品を渡す平野さん。**5** 平野さんのおこわの師匠とご主人。**6** ベトナムの切手をフレームに入れて飾ってお店のインテリアに。**7** このようにして蒸した、ほかほかおこわが食べられる。

4

Owner's particular one

店主のこだわり

ベトナムおこわを日本で忠実に再現するのは、材料調達の面から難しいこともあります。それでも、平野さんがベトナムに住んでいたときに食べたおこわのおいしさを日本の人にも知ってもらいたいという一心で、お金と時間をかけて食材を手に入れています。

7

5

6

OPENまでの道のり

- **2013年4月**
  ベトナム・ホーチミン市でおこわ修業。
- **2013年7月**
  ベトナムでの修業を終え、帰国。メニューを考えはじめる。
- **2013年8月**
  資金調達のため、杉並区の産業センターへ行って相談。
- **2013年9月**
  物件探しをはじめ、わずか20日間で契約までこぎつける。厨房機器、イスやテーブルなどを購入。
- **2013年10月**
  日本語学校で仕事をしていたときの生徒に手伝ってもらいながら内装工事を行う。
- **2013年11月**
  オープン。

Layout & Interior

レイアウト＆インテリア

誰もが気軽に入って来られるよう、あえてベトナム色をおさえた空間に

ベトナムというと鮮やかな原色のイメージがありますが、店内は茶色を基調とした落ち着いたトーン。あえてベトナム色をおさえ、専門店というよりは、カフェや定食屋さんの感覚で気軽に利用してもらいたいという考えです。

店の大きな窓にはメニューを貼り、通りかかる人にもアピール。

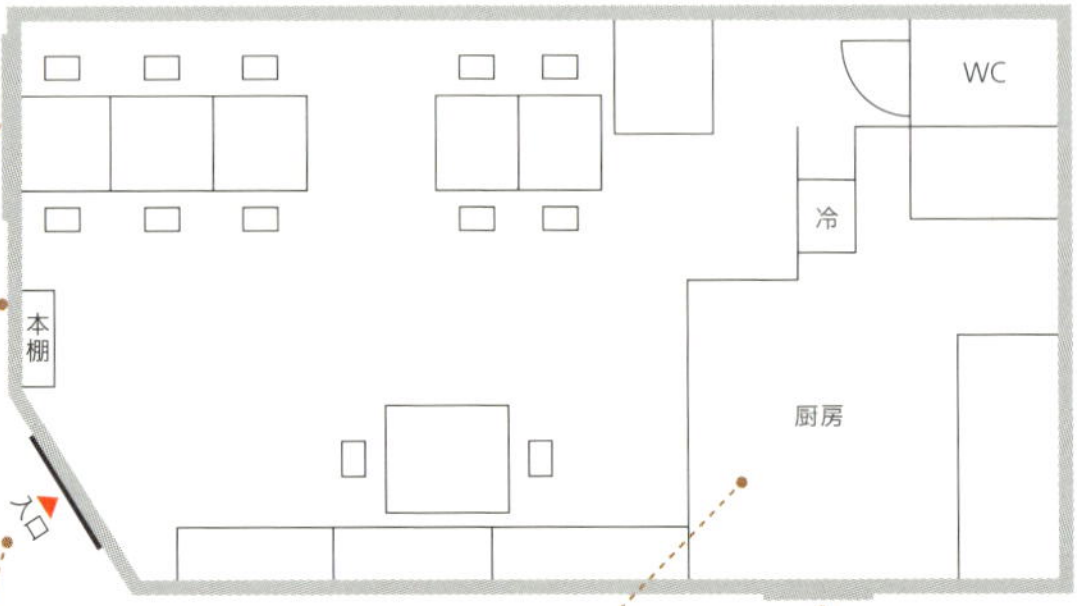

平野さんの好きな本を集めたコーナー。お客さんが持ってきてくれることも。

道路の角に入口があり、どちらの道から来ても入りやすい。

客席からおこわを蒸している様子が垣間見れる。

厨房から商品を渡すことができるテイクアウト用の窓口。

1日の流れ

6:00 起床。

8:40 家を出て、子どもを保育園へ送る。

9:20 スーパーで買い出し。

9:50 お店に着く。仕込み。早めのお昼ごはんをとる。

11:30 オープン。

16:30 クローズ。仕込み。

17:30 お店を出て、保育園へ子どもを迎えに行く。

18:30 帰宅し、夕食。

24:00 就寝。

＊2017年1月のタイムテーブル。2月からは営業時間が17時30分（土曜20時）までに変更。

カフェをはじめる＆続けるための

Q＆A

Q 開業資金はどのように？

A 自分で貯めていた分が300万円、夫からの投資が100万円、杉並区産業融資資金（創業支援）から200万円融資してもらいました。杉並区産業融資資金については、杉並区の産業振興センターの中小企業支援係に相談したときに教えていただきました。創業計画書の書き方をはじめ、たくさんのことを丁寧に教えてもらい、すごく助かりました。

テーブルやイス、厨房機器は中古のもので安く揃えた。

Q ベトナム料理の食材はどのようにして仕入れているの？

A 東京にいればほとんどのものを買うことができますが、なかにはベトナムでないと買えないものもやはり出てきます。そういうものはベトナムから直接仕入れますが、これが大変！ 検閲があるので時間とお金がかかります。うちの店でよく使う蓮の葉は、国内のものとベトナムのものが半々です。

蓮の葉で包んで蒸す、蓮の実のおこわ。

Q 仕入れの量やストック料理の作る量はどうやって決めた？

A 都内でベトナム料理屋をやっている先輩から「全部1食分ずつ作っていればいい」とアドバイスをもらいましたが、1食では心もとないので5食分ずつからスタートし、様子を見ながら調整していきました。

このランチセットを目当てに来るお客さんも多い。

Q 接客で気をつけていることは？

A お客さんとの距離のとり方には気をつかいます。自分が放っておかれるのが好きなタイプなので、私みたいな人かな、話すのが好きな人かな……と見極めるのがなかなか難しいですね。常連さんには、私から自分の話をしたり、新作の試食をお願いしたりして、頼らせていただいています。

お客さんがツバメの刺繍をしてくれたひざ掛けは宝物。

お店の個性を出すツール 1

Menu Book

メニューブック

お店のこだわりや売りをアピールするメニューブック。
わかりやすさはもちろんのこと、
またあれが食べたいなと思い出してもらえる記憶に残るものを。

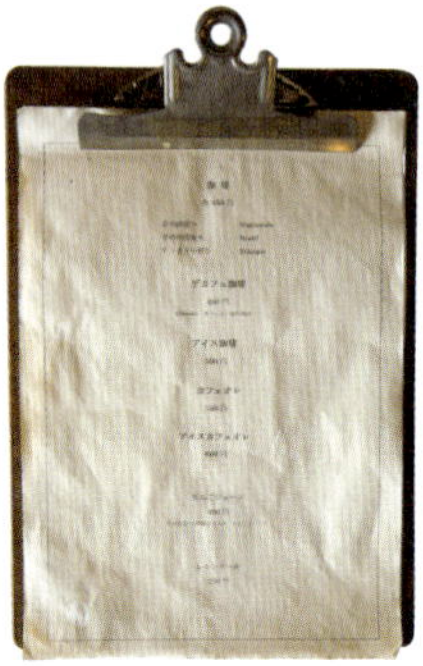

ヤマとカワ珈琲店（p.86）

メニュー名と値段の文字だけの超シンプルタイプ。このシンプルさとバインダーの感じが店の雰囲気に合っている。

BOWLS cafe（p.20）

フードメニュー、ドリンクメニューなどジャンルごとに分けて作成。パウチ加工しているため水（飲み物）に濡れても大丈夫。

しろくまジャム（p.94）

シンプルなクラフト紙の表紙のアルバムを使用。手書きの味のある文字でメニューを作成。しろくまのハンコがかわいい！

ツバメおこわ（p.26）

ベトナムのおこわやスイーツはメニュー名だけでは想像しにくいため、1ページに1品ずつ、大きな写真付きで掲載。

GLOBE COFFEE (p.42)

勘定伝表ほどの小さくてシンプルなメニュー表。スタンプカードのロゴなどを作ってくれたデザイナーに頼んだ。

くろもじ珈琲 (p.34)

アルバムの台紙を利用し、写真と手書き文字で手作り感のあるメニュー表。料理の特徴も書いてあってわかりやすい。

cafe食堂 Nord (p.100)

木製の表紙が印象的なメニューブック。料理写真はなくても、特徴をひとことで説明しているので想像しやすい。

mamma cafe 151A (p.48)

バインダー式は、イベントメニューをページ単位で増やせたり、メニュー変更もファイルの上からテープで書き換えられて便利。

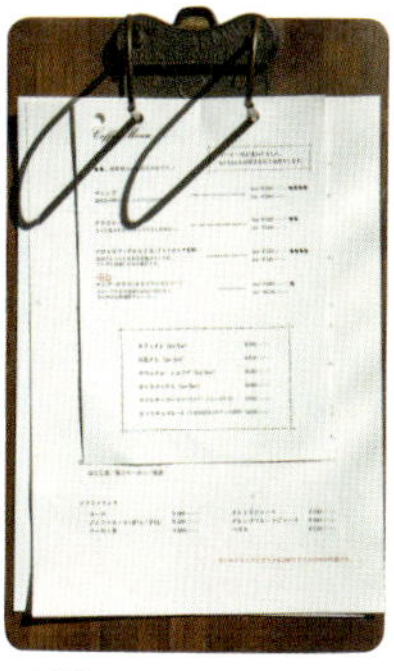

torse (p.12)

アンティークの味わい深いバインダーにまとめた文字だけのシンプルなタイプ。自分たちでデザインしている。

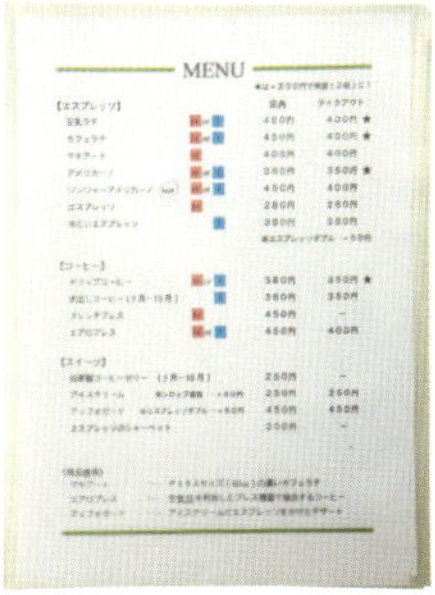

時の音 ESPRESSO (p.72)

ドリンク中心のお店なので、文字だけのシンプルなメニュー。飲み物は温かいのか冷たいのかを色をつけて表示。

東京で開業したカフェ

04

現代の百貨店的よろず屋カフェ

杉並区西荻北

くろもじ珈琲

4業種の仲間が集ってはじめた「西荻百貨店」のカフェ部門はみんなの笑顔が集まる場所

店主・砂森さんが考える
カフェをはじめるのに大切な3つのこと

店主
砂森由美さん（左）
梨恵さん（右）

1 100％でなくていい プラスαの伸びしろを持つ

常に100％の完璧な状態でいようと思うと、自分たちも疲れてしまいます。何かを受け入れたり、何かを足したりする伸びしろを持った方が、心にも余裕が生まれ、良い結果をもたらすと思います。

2 自分と似ている人でなく 自分と違う人たちを参加させる

自分と違う人たちと何かをすることで、お店の風通しがよくなり、マンネリ化を防ぐことができます。それによっていつも新鮮でいられ、お客さんにも楽しみを提供できるようになります。

3 思いついたことは逆算で できる理由を探す

せっかく夢を持っても人はとかくマイナス面を考えがちです。反省は大事だけど、「こうだからできない」じゃなく、「こうだけどできる」と、できる理由を探して実現に向かうといいと思います。

DATA

くろもじ珈琲　クロモジコーヒー
杉並区西荻北4-35-10 西荻百貨店内
☎ 03-3395-3122（西荻百貨店代表）
http://isso-1999.com/about_kuromoji/

西荻窪駅から歩いて10分。少し古びたマンションの中にあるくろもじ珈琲。2つある入口の片方は花屋、もう片方は山野草を販売するお店と自由に行き来ができる、花と緑に囲まれたカフェです。実はこの3店（＋もう1店）、共同出資でお店をはじめた異業種の複合体「西荻百貨店」です。

開業日	2013年5月
開業までの期間	約1年
開業するまでの投資額	540万円（一部花屋を含む）
店舗物件契約保証金、礼金、不動産手数料	20万円
内装工事費	300万円（花屋を含む）
什器、備品費など	120万円
運転資金	100万円
店舗規模	12坪（花屋を含む）
席数	10席
1日の平均客数	平日15～20人、土祝20～30人
1日の売上目標	2.5～3万円

自分の居場所がある。そう思ってもらえたら嬉しい

2

1

幅広く相談事に応じられる仲間をどんどん増やしたい

植物の手入れや、山野草の販売を手掛ける「一草」の砂森聡さんが立案者となってはじまった、４つの異業種の複合体「西荻百貨店」。「一草」の砂森さんをはじめ、店舗設計&大工の「カラクタ工房」、花屋の「ｉｃｃａ」、そしてカフェ部門としてスタートしたのが「くろもじ珈琲」でした。１店舗１００万円、計４００万円を持ち寄ってのスタート。奥さんの由美さんが店長に就任し、経営は聡さんが担当です。西荻窪駅から徒歩10分。閑静な住宅街の小さなマンションの１階にお店はあります。

「一草」として活動している聡さんが近所のお客さんの庭の手入れをしていると、仕事とは関係ないちょっとしたことを頼まれることが多かったのだそう。もちろん気持ちよく応えてはあげるのですが、それなら周りの仲間にも頼めばいろいろなことが解決できるし、そこにカフェが

4 くろもじブレンドは深いコクが特徴。**5** しっとりと濃厚なチョコレートチーズケーキ。**6** 人気のランチはプラス210円でデザートとコーヒー付きに。

1「一草」の山野草を見ながら、くろもじ珈琲に入る。**2** くろもじ珈琲を通り抜けて、花屋の「icca」に。逆に花屋側の入口からくろもじ珈琲に入ることもできる。**3** 演出効果も抜群のサイフォンで抽出。

OPENまでの道のり

▶ 2012年6月
山野草の販売や植物の手入れを手掛け、「一草」として活動する砂森さんのご主人・聡さんが、カフェと異業種を組み合わせた店「西荻百貨店」の企画を立案。由美さんがカフェ部門を担当することになる。

▶ 2012年8月
花屋「icca」の西野純子さん、店舗設計&大工「カラクタ工房」の中山明謙さんに声を掛け、2人の参画が決定。

▶ 2012年10月
顔見知りだったマンションのオーナーから現在の物件を紹介され、内見し、内装工事の準備にかかる。

▶ 2013年2月
物件を正式契約し、工事を開始。

▶ 2013年5月
「くろもじ珈琲」&花屋「icca」の複合店がオープン。

××××××××××××××××××××××××××××××××××

Owner's particular one

店主のこだわり

「儲かることよりも楽しいこと」が砂森さんのモットー。ここは閑静な住宅街で、訪れる人はだいたいが近所の人。おじいちゃんやおばあちゃんも多く、生活のちょっとした困り事もあります。だったらそれを解決して喜んでもらいたい。ここに来ればいつも笑顔になれる、そんな場所になったら嬉しいと考えます。

××××××××××××××××××××××××××××××××××

あれば常に人がいるから窓口にもなる。そんなことがきっかけとなってくろもじ珈琲はスタートしました。色とりどりの板が張られたカウンターが印象的な店内は、仲間の「カラクタ工房」を中心に自分たちで内装を仕上げ、安く収めました。家具は重心の低い、座りやすいもの。

「カフェなんてまったくやったことないから、趣味でやっている野球の先輩にカフェを経営している人がいて、その先輩に頼んで、サイフォンでのコーヒーの淹れ方を教わり、豆はオリジナルで開発してもらって仕入れています」と聡さん。

定番メニューのチャーシューうどんは若い人から年配のお客さんまで評判が良く、それもうどん屋の後輩からヒントをもらったそう。知人の陶芸家の作品も、お店の食器として使っています。12坪の空間に100のアイテムを揃えたいと思ったから、「西荻百貨店」。2017年にはまた仲間を巻き込んで新たなアイテムがスタートするそうです。

「くろもじ珈琲」、山野草を販売する「一草」、花屋の「icca」、店舗設計＆大工の「カラクタ工房」。この4店を合わせて「西荻百貨店」と名乗る。

Layout & Interior
レイアウト＆インテリア

感性が光る
アイデアいっぱいの空間

見どころたっぷりの、くろもじ珈琲の空間。動線を意識した適材適所の空間利用もセルフリフォームならでは。窓際のディスプレー棚には季節の草花や花器を飾って。ほっとなごめる隠れ家のようです。

個性的なカウンターは端材を組み合わせたもの。

お客さんをお迎えするさりげない気持ち。

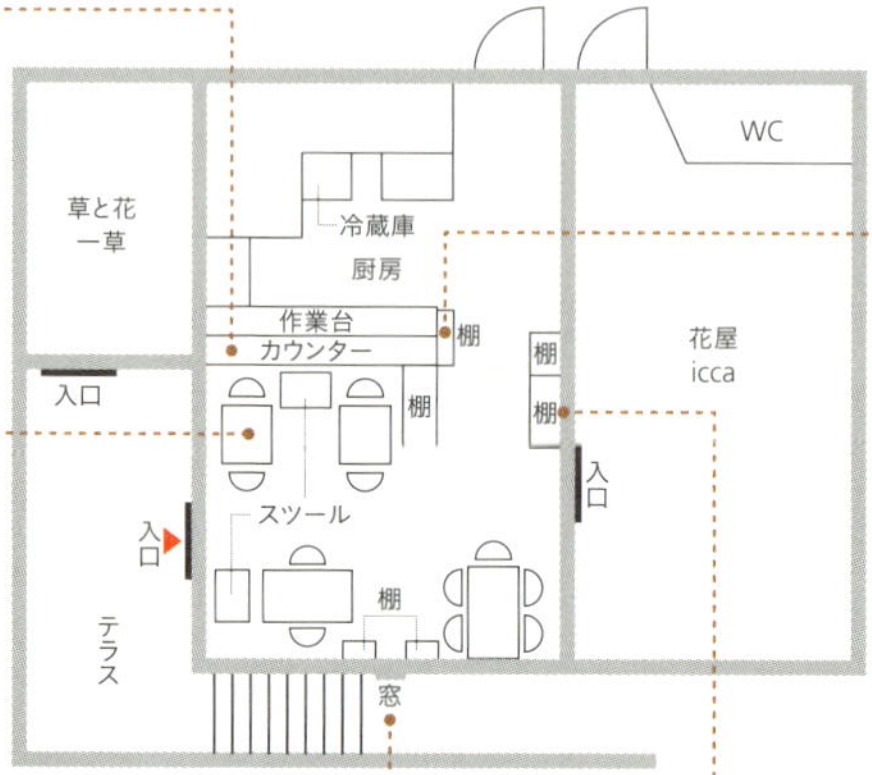

細い隙間にトレイを収納。

窓辺には美しい四季の山野草を飾る。

ポストカードはイベントのテーマに合わせて植物を。

1日の流れ

5:30 起床。犬の散歩を済ませ、出勤の準備。

7:00 家を出る。

8:30 店に到着、開店準備。

11:00 オープン。

18:00 クローズ。夫婦一緒に車で帰路につく。

20:00 帰宅。

21:00 夕食をとる。

24:00 就寝。

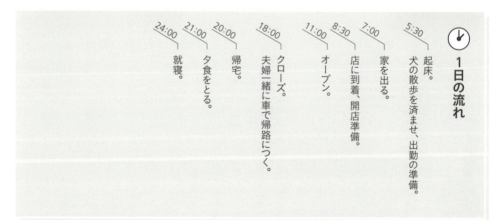

カフェをはじめる＆続けるための Q&A

Q　コーヒー豆の仕入れ方法は？

A　趣味で参加している野球チームにたまたま焙煎士の先輩がいて、ラッキーでした。実はこの先輩にサイフォンの使い方も教わったくらいで、本当に頭が上がりません。豆もくろもじ珈琲オリジナルのものを開発してくれて、コーヒー豆に関してはすべてこの方にお任せしています。今はオリジナルブレンド3種類を合わせ、全部で7種類くらいの品揃えです。

豆はガラスのキャニスターに入れておしゃれに収納。

Q　自分たちで内装をしてみて、想定外だったことは？

A　内装工事は西荻百貨店のメンバーでもある店舗設計＆大工の「カラクタ工房」さんを中心にスタートしましたが、はじめに取り掛かったトイレにすごく凝ってしまって、「おいおいそんなんじゃオープンに間に合わないよ」っていうくらい予定が押しちゃったんです。出来栄えは本当に素晴らしいものだったのですが、かなり焦りました。やはり予定をきちんと立てて進めることが必要ですね。

白を基調としたお洒落なトイレ。洗面台もタイルを貼って作った。

Q　オープン前に宣伝はしましたか？

A　まったくしていません。4カ月間ここで工事していたら、近所の人が一体ここで何やっているのかと興味津々で寄ってきました。あとはその人たちの口コミで、徐々に広がればと。急に忙しくなっても困るし、一気に知れ渡る必要もないと思っているので、それくらいでちょうどいいと思いました。

現在は建物の前にメニュー看板があるだけ。

Q　仲間たちとはじめた店舗ですが、経営や利益はどのようにしている？

A　開業時こそみんなで100万円ずつ持ち寄ってはじめましたが、それは店舗の施工や最低限必要な什器や備品などにかかる費用で、経営や利益は独立採算制です。みんな仕事の内容が違うし、置かれている生活環境も違う。利益を上げたい人もいれば、そこそこでいいという人もいます。ただ仕事によっては協力しあったりして、変幻自在な集合体といった感じです。

砂森さんが花屋の店番を手伝うこともある。

東京で開業したカフェ

05

豆の魅力を発信する ビーンズショップ&カフェ

品川区小山

GLOBE COFFEE

コーヒー豆がつなぐ 人々のくつろぎの時間と 文化発展の場を目指して

店主・増本さんが考える

カフェをはじめるのに大切な3つのこと

店主
増本敏史さん

1 すべては人から。夢の実現のために欠かせないもの

豆の仕入れ、店内の什器や備品の購入、そしてプレオープンなど、何度も周りの人に助けられ、これほど「いてくれて良かった！」と思ったことはありません。良い人とのつながりが良い結果をもたらします。

2 できる限り自己資金率を高め、不安の少ないスタートを

開業準備では予想外の出費もあるもの。理想の店を具現化していくためにも資金は多ければ多いほど安心です。開業することが具体的でなくまだ夢の段階でも、蓄えられるだけ蓄えた方が良いと思います。

3 良質な商品を提供できるように、信頼できる仕入先の確保を

良いものを仕入れ、良い品をお客さんに提供することは、自分の揺るぎないポリシー。自分が納得できる品質の原材料を扱う仕入れ先を確保することは、自分の仕事の自信にもつながります。

DATA

GLOBE COFFEE
グローブ コーヒー

品川区小山5-25-10
平岡マンション1B
☎ 03-6426-2234
http://globecoffee.tokyo

厳選したハイエンド（最上級）のコーヒー豆だけを店内の焙煎機で丁寧にローストして販売もするロースターカフェ。店主の増本さんは有名コーヒー店主催のセミナーで8年間も学び、その腕と技で豆本来の実力を最大限に生かし切るコーヒーを提供します。

開業日	2016年2月
開業までの期間	約6カ月
開業するまでの投資額	約1700万円
店舗物件契約保証金、礼金、不動産手数料など	約172万円
内装工事費	約700万円
什器、備品費など	約500万円
仕入れ費	約60万円
運転資金	約200万円
宣伝広告費	約80万円
店舗規模	12坪
席数	13席
1日の平均客数	平日20〜30人、土日祝40〜80人
1日の売上目標	平日2.5万円、土日祝5万円

信頼する人との出会いが導いてくれた場所

東急目黒線西小山駅。商店街を背にして桜並木の続く静かな住宅街の方へしばらく行くと、お店があります。壁一面の大きなガラス窓と木の扉。奥へと続く空間の先には銀色に輝く焙煎機が。

「本当においしいコーヒーにこだわりたいので、豆のセレクトも焙煎も自らの手で行っています」と話すのは店主の増本さん。しかし以前はカフェを経営するとはまったく思っていませんでした。

「元はある企業のＩＴエンジニアだったんです。たまたま雑誌のカフェ特集に堀口珈琲が載っていて、仕事も休みだし、じゃあ行って見るかくらいの気持ちで行ったら、そこで飲んだ一杯のコーヒーに衝撃を受けちゃって。こんなにおいしいコーヒーがあるのか！って（笑）」

堀口珈琲といえばコーヒー好きなら言わずと知れた名店。すぐさま店のセミナーに申し込み、

1

2

3

1 銅製のコーヒーポット。注ぎ口が細く絞ってあり、お湯のコントロールがしやすい。**2** 定番のカップは、デンマークのビンテージ、Relief。**3** シンプルなチーズケーキは店の看板商品。**4** 店の顔ともいえる焙煎機は、フジローヤル直火式焙煎機。**5** 仕上がりは自分の目で一粒ずつ確認するハンドピックで、豆の品質を守る。**6** 店内で扱っているコーヒー豆はすべて、世界最高品質のスペシャルティコーヒーのみ。**7** お客さんの雰囲気に合わせてカップを選ぶことも。

1杯のコーヒーで
僕の人生が変わったように
本当のおいしさを
ひとりでも多くの人に伝えたい

8年もの間味覚のトレーニングを積んだのだそう。そんな日々の中、次の運命の出会いが訪れます。SNSで知り合い、親交を深めた人が、実はカフェのオーナーで、以前堀口珈琲で働いていたのだという驚きの偶然。そこで、趣味も好みも似たその人のお店で働きながら週末だけ運営の研修をさせてもらい、店の経営の知識を深めました。

「彼はコーヒーだけでなく、店舗運営の師匠でもあります。店舗探しから、内装のこと、備品やメニューに至るまで、いろいろなことにアドバイスをもらって、本当に助かりました」

こうして同業者の先輩や新しく出会った人に助けられながら、イメージしていた理想の店づくりを具現化していきました。

「僕の店は堀口珈琲で出会ったコーヒー豆が中心にあり、それをみんなに広めたいということ。そのためにおいしいコーヒーを楽しむカフェがあり、そこで出会った人たちと文化の発信ができればいいなと思っています」

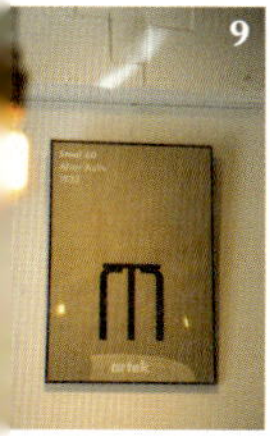

8 イスにはそれぞれ違った布を張って、遊び心を。**9** フィンランドの建築家アアルトがデザインしたイスのポスターが空間を引き締める。

Owner's particular one

店主のこだわり

豆に惚れ込んでいるだけに、豆の魅力を引き出す道具、さらにはそれを味わう食器や空間にもこだわりが。ブルーの壁がアクセントの店内には北欧のビンテージ家具を配置。食器も北欧のビンテージで揃えました。無駄なものを極力排除し、コーヒーと向き合う居心地のいい空間に仕上げています。

OPENまでの道のり

- **2007年**
  堀口珈琲のコーヒーに出会い、衝撃を受ける。
- **2007年11月**
  堀口珈琲が主催するセミナーに参加。8年間通い、味覚のトレーニングに励む。
- **2011年**
  店の経営を漠然と考える。
- **2016年5月**
  お店探しをはじめる。
- **2016年6月**
  SNSで知り合った知人が、ビーンズショップの経営者と知り、仕事が休みの週末に運営の研修をさせてもらう。
- **2016年7月**
  シャッターが閉まったままの現在の場所を見つけ、不動産屋にアプローチ。師匠に内装のデザイン会社を紹介してもらい、内装工事スタート。
- **2016年2月**
  2日間カフェ営業のみのプレオープン後、グランドオープン。

Layout & Interior

レイアウト＆インテリア

憧れのお店を参考に
プロに頼んだお気に入りの内装

以前から気になっていた憧れのお店を施工した設計士を、同業者の師匠が紹介してくれることに！ 水色の壁をポイントに、インテリアは北欧家具でまとめました。

店の一番奥のスペースに焙煎機を設置している。

木の温もりと水色の壁で北欧のような雰囲気に。

入口近くのコーヒー豆のショーケース。常時10種類程の品揃え。

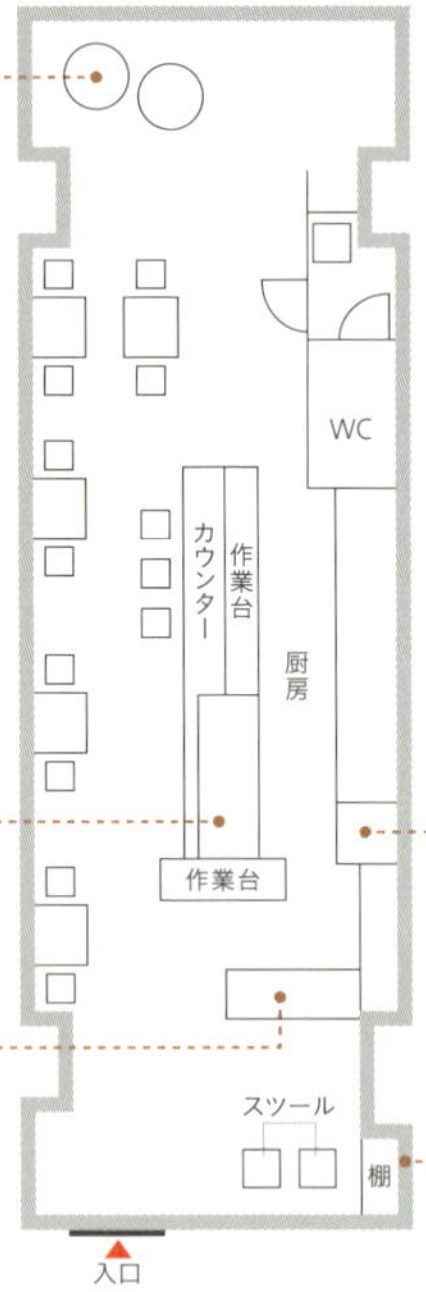

カウンター奥の棚にひっそりと飾ってある開店当時の夫婦の写真。

ハンドドリップを楽しむための道具も販売。

1日の流れ

- 6:30 起床。朝食を済ませ、身支度を整える。
- 8:00 家を出る。
- 8:30 店に到着。オープン準備と焙煎開始。
- 10:00 オープン。お昼ごはんはタイミングを見て。
- 19:00 クローズ。レジを締め、かたづけ、掃除を済ませる。
- 21:00 帰路につく。
- 22:00 帰宅。
- 24:30 就寝。

カフェをはじめる＆続けるための Q＆A

Q 物件探しで気をつけたことは？

近隣への煙やにおいを考慮し、5階の高さの煙突を取り付けた。

A ビーンズショップでは自家焙煎用のロースターの設置が不可欠です。ある程度のスペースの確保だけでなく、排気用の煙突も必要でした。物件探しのときには、煙突の設置が可能か、ご近所に迷惑がかからないようにできるのかなど、少し特殊な問題がありましたが、どちらもクリアすることができ、建物の裏には5階の高さの煙突を取り付けています。

Q 集客のために SNS以外でやっていることは？

メガネのようなかわいいロゴがおしゃれなスタンプカード。

A スタンプカードです。コーヒー豆を200gお買い上げごとにスタンプを1個押し、合計5個で100g、10個で200gのお好きなコーヒー豆（ブレンド）とお引き換えできます。カードには購入日と豆の名前を書き込むようになっているので、お客さんの好みや購入履歴がわかって、コミュニケーションにも一役買います。

Q お店をはじめて、1年弱。今感じることは？

コーヒーの味を希望どおりに調整できるのも焙煎士の強み。

A 利益を上げることの難しさですね。ただ豆を売ったり、コーヒーを売ったりしているだけでは利益は上がらない。この場所から多種多様な人たちと一緒に何かできればいいなと思っています。たとえばカフェをオープンしたい人と、開業前からビジネスパートナーとなって業務用のコーヒー豆を提案するなど、もっとそういう方面でのビジネスを広げていきたいです。

Q 一番大切にしていることは？

おしゃれな豆の袋はインテリアとしても一役買っている。

A お客さんに上質で新鮮な豆と、おいしいコーヒーを届けること。そしてそのコーヒーを楽しむ心地いい空間を提供すること。そのためには良い豆を仕入れる仕入先の確保と、焙煎技術、品質管理が大切です。焙煎後は自分の目で一粒ずつチェックし、悪いものは取り除いていきます。常に同じクオリティで豆を提供することがお店の信頼にもつながると思っています。

東京で開業したカフェ

06

育てる愛をつなぐ マンマの台所

江東区平野

mamma cafe 151A

自分たちで確かめて
大丈夫だと思える食材を
胸を張っておいしく届けたい

店主・店部さんが考える カフェをはじめるのに大切な3つのこと

店主
店部浩司さん
真起さん

1 自信のある商品を作り、自信を持って提供する

お店の料理はお店の顔。自信のある商品を作れば、自信を持って提供できます。そのためには良い素材を仕入れるルートの確保や、満足いく料理を作るために、納得いくまで試作を繰り返すのも大切です。

2 いざというときの家族の協力

忙しいときには妻の母にお店を手伝ってもらったり、子どもを預かってもらったりしていて、本当に助かっています。いざというときに協力してもらえるよう、日頃からのコミュニケーションも大切です。

3 夢の実現には資金が必要。そのためにお金を貯めておく

やりたいことがあっても先立つものがなければ何もはじまらない。資金繰りに苦労したときは、それまでの貯金を切り崩してなんとかやりくりしていました。お金はあったにこしたことはありません。

DATA

mamma cafe 151A　マンマ カフェ イチゴイチエ
江東区平野3-4-6　☎ 03-6458-8715
https://www.facebook.com/mammacafe151a/

生産者の思いのこもった新鮮な素材をそのまま活かした料理を提供する、店部さん夫婦が営むカフェ。座敷のスペース、絵本やおもちゃの用意など、子どもに配慮した店づくりで、子ども連れのママたちにも人気。夫婦自らも子どもを背負いながらお店に立ちます。

開業日	2013年4月
開業までの期間	約4カ月
開業するまでの投資額	1117.7万円
店舗物件契約保証金、礼金、不動産手数料など	266.7万円
内装工事費	579万円
運転資金	272万円
店舗規模	19坪
席数	22席＋α（ベンチシート&座敷）
1日の平均客数	平日40人、土日祝120人
1日の売上目標	6万円

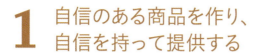

1

2

3

理屈じゃない。おいしいが一番。でもその裏に、安全で安心があったら本当に嬉しいと思う

有機栽培や無農薬の素材をおいしく料理し、届けたい

カフェの聖地としてにぎわう清澄白河界隈。緑豊かな東京都現代美術館の向かいにお店はあります。ともに外食業界に身を置いていたふたりが結婚後にはじめました。店内の一番目立つところには「食の安心・安全を考え、できるだけ有機栽培・無農薬の食材を使用します」とポリシーを掲げてあります。野菜の仕入れは、馴染みの農家からいつも新鮮なものを。肉や調味料など気になる食材があれば生産者のいる場所まで出向き、顔を合わせてから決めるそうです。

「せっかく有機栽培や無農薬の野菜にこだわっても、料理がおいしくなければお店は続けていかれないですからね」と浩司さん。

店内は、小さな子ども連れのママたちをはじめ、さまざまな年齢層のお客さんでとてもにぎわっています。料理のおいしさがしっかりとお客さんに伝わっている証拠です。キッズメニューの

OPENまでの道のり

- **2009年**
  職場の元同僚として出会い結婚。いつかはふたりでカフェをと夢見る。
- **2012年12月**
  浩司さん退職。カフェ経営が現実味を帯びる。
- **2013年1月〜**
  物件探し。メニューの試作、試食、ほかのカフェの視察なども同時に進める。
- **2013年2月**
  現在の物件に決定。居抜き物件、土地勘がある場所、住宅街、ベビーが多いなどの希望条件をクリアできる場所に巡り会う。後日、内装工事着工。同時に食材探しや什器選定で、直接現地に赴き、生産者と会う。
- **2013年3月**
  メニュー試作、試食を繰り返し行う。
- **2013年4月**
  オープン。

××××××××××××××××××××××××××××××××

Owner's particular one
店主のこだわり

「自分たちとお客さんの大切なお店だから、扱うものは自分たちの目の届くものでありたい」と考える店部さん夫婦。野菜は知人から紹介してもらった契約農家から仕入れ、肉や調味料、そして扱う食器などは夫婦自らが仕入れに出向き、生産者と顔の見えるお付き合いをしています。

××××××××××××××××××××××××××××××××

1 フレンチプレスで淹れた有機コーヒーはたっぷり2杯分。**2** 平飼い有精卵使用の本和香糖の焼きプリン。**3** 鶏そぼろご飯、味噌汁、葉とらずりんごジュースのキッズセット。**4** 絵本やおもちゃもたくさん用意している。**5** 子ども用のイスも用意。**6** ベビーカーを押してでも入れる空間の広い店内。**7** 子ども用の木製のカトラリーはかわいい顔付き!

「鶏そぼろご飯」はアレルゲン対応。レンコンのシャキシャキとした食感が楽しめる一品になっています。

「食育って食べることだけじゃなくて、器で感じる味や感覚もそう。だからうちではお子さんにもちゃんとガラスのコップを使ってもらっているんですよ」と真起さん。子どもにもこれだけの真剣勝負なのだから、大人向けの料理はいかばかりか。

「旬のものを味わってもらいたいので、メニューが変わるたびに何度も試作し、微調整しての繰り返し。自信をもってお客さんに出せるまではメニューにのせません」と浩司さんは胸を張ります。

そんな自信をもって料理に取り組んでいる表れが、お店で使っている調味料や食材、食器の販売なのかもしれません。お店で使っているものを包み隠さず種明かしし、良いものだから使ってみてと提案。お店の中身そのままを見せられる。それこそがこのカフェの最大の強みかもしれません。

Layout & Interior

レイアウト＆インテリア

大人も子どもも過ごしやすい L字配列がポイント

お店の売りにもなっている小上がりの座敷、カウンター席やテーブル席もあって客席が多様。客席がL字の空間になっているので、空間分けもでき、店内に子どもがいても、大人だけのお客さんもゆっくり過ごせます。

オムツ換えベッドは、前のお店が置いていったものをそのまま使用。

小上がりの座敷は、じっとしていない子どものママに大好評。

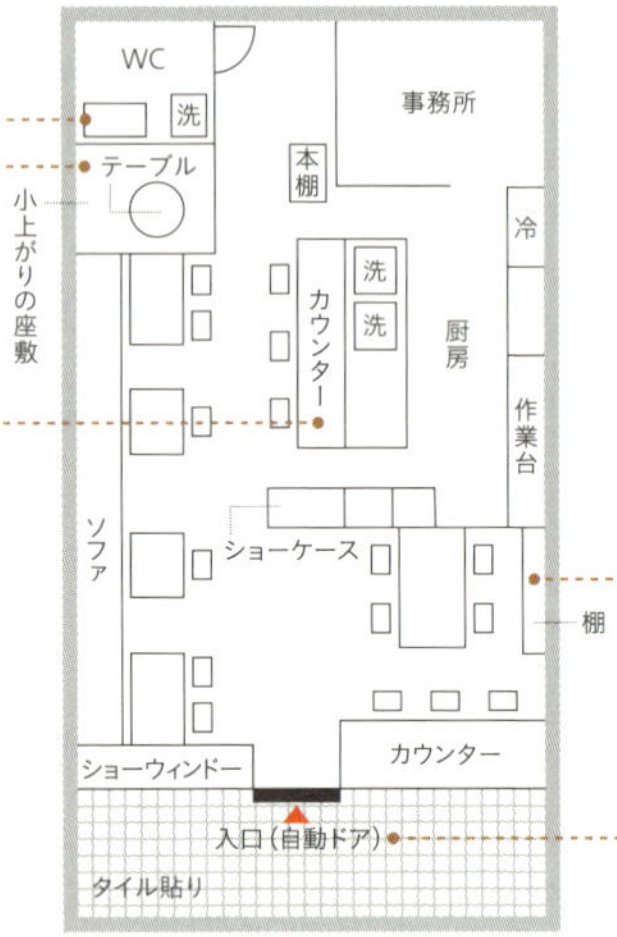

お店でも使用している調味料や食材などを店頭で販売。

ときにはカウンター席として、ときには臨時の物置場としてフレキシブルに使用している。

子どもが一人で飛び出しやすい自動ドアは安全面を考慮し、ボタンを高い位置にして子どもの手が届かないように。

1日の流れ

6:00 浩司さん起床後、店へ向かう。店で朝ごはんの後、開店準備。

7:00 真起さん起床後、2人の娘とともに店へ向かう。店で朝ごはん。

8:00 オープン。真起さんが長女を幼稚園へ送った後、買い出しなどに。

9:30 銀行へ行ったり、ランチのスタンバイ。早めのお昼ごはんをとる。

11:00 ランチタイムで大忙し。

14:00 真起さんが長女を幼稚園に迎えに行く。

14:30 ランチのあとかたづけをし、明日の仕込み。

17:00 ディナータイム。

19:00 クローズ。閉店作業の後、店で夕食。

20:00 帰宅。

22:00 就寝。

カフェをはじめる＆続けるための

Q&A

Q 子どものお客さんに特別なことはしている？

A 食事は食べることだけでなく、その周りのことも躾のうちだと考えています。せっかくうちに来てくださっているのですから、ガラスは危ないと避けるのではなく、子ども用の強化ガラスのグラスを使用して、ジュースなどを飲んでもらうようにしています。もし落として壊れてしまっても、ガラスは落としたら壊れてしまうものだと学んでくれればいいと思っています。

小さな手に収まりやすいかわいいグラス。

Q 店内でのお子さんの安全面はどう考えていますか？

A 自動ドアの扉が子どもでは開かないようになど、安全に過ごしていただけるような配慮はしていますが、最終的には親御さんにお任せしています。イスにじっと座っていられないお子さんなら、座敷のコーナーをすすめています。また、飽きずに遊んで過ごせるよう、絵本や木のおもちゃなども店内に置いています。

畳のスペースではみんながリラックスできる。

Q ベビーカーでのお客さんにはどのように対応されていますか？

A ベビーカーの問題は、どこのお店でも苦労する問題です。うちではベビーカーの入店でも座る席が確保できるように、ソファー席と椅子席をご用意しています。また、店頭にはわずかですがスペースもありますので、ベビーカーをたたんで置いておくことも可能です。

さまざまな状態に対応できるよう、繋げたり離したりできる2人用テーブルが基本。

Q 食材はどのようにして仕入れていますか？

A 野菜は知人から紹介してもらった農家と契約して仕入れています。また豚肉、牛肉、味噌、砂糖、紅茶、ドライフルーツなどは自分たちで調べ、気に入ったものは直接生産者のところへ出向いて交渉しました。自分たちの目と舌で確かめた素材ですから、お客さんにもおすすめできる自信があります。ですから、調味料などは店内で販売もしています。

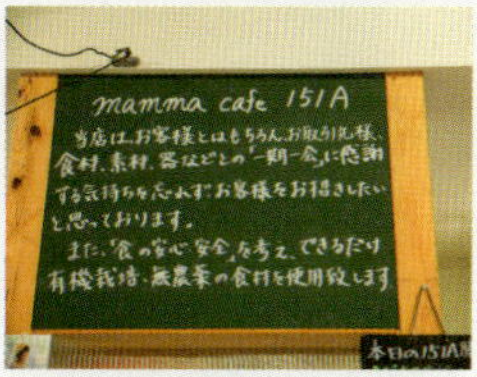

店内の一番目立つところに掲げてあるお店の姿勢。

お店の個性を出すツール 2

Coffee Cup

コーヒー　カップ

コーヒーはどんなカフェにも必ずあるメニュー。
でも、その存在価値はお店によってさまざま。
そして、カップも実にいろいろ。

mamma cafe 151A (p.48)

波佐見焼《はさみやき》のカップは、スタッキングができるので収納面でも便利。店内で販売もしている。

torse (p.12)

陶器のコーヒーカップは、信頼を置いている東京・中落合の器屋で買い求めている作家もの。

ヤマとカワ珈琲店 (p.86)

阿久津真希さんの作品。店内で販売もしている。薄さと軽さがちょうど良く、持ったときに手になじむ。

くろもじ珈琲 (p.34)

鮮やかなエメラルドグリーンが印象的な八角形のカップ&ソーサー。知人の陶芸家の作品。

GLOBE COFFEE (p.42)

デンマークのクロニーデン社のレリーフシリーズ。お客さんの雰囲気に合わせてカップも変えている。

BOWLS cafe (p.20)

食器はカップも含め安くて替えの効くものに。スタイリングでおしゃれに感じるように工夫している。

DOux CAFE (p.80)

食器類はすべて白で統一しているためカップ＆ソーサーも白に。カップは大きめでたっぷり入る。

café·hakuta (p.56)

どんな人にでも受け入れやすい個性の際立っていないものをチョイス。丈夫なことも重要。

時の音ESPRESSO (p.72)

イタリアのアルカップというメーカーのエスプレッソカップ＆ソーサー。厚みがあるので冷めにくい。

caféテラス 木の風 (p.106)

白磁にブルーの花模様が優雅なイメージのカップ＆ソーサー。カジュアルすぎないものを選んだ。

東京で開業したカフェ

07

昼も夜もくつろげる下町のおしゃれカフェ

葛飾区東金町

cafe・hakuta

生まれ育った場所だから
地元のみんなの
頼れるカフェでありたい

店主
白田真弓さん

店主・白田さんが考える カフェをはじめるのに大切な3つのこと

1 当たり前のことだけど、毎日開店するための体力と健康

とにかく健康管理は大切です。健康管理ができていないとお店が毎日開店できないですからね。暴飲暴食に気をつけ、十分に睡眠をとるなど基本的なことですが、まずお店のためにと考えます。

2 受け身にならない 自発的な想像力と創造力

今、自分はどのように行動したらいいのか、どうしたらお客さんに喜ばれるか、お店には何が必要かなど、常にアイデアや考える力は大切だと思います。そうすることでお店の空気も変わってきます。

3 お店のオープンがゴールじゃない。先のビジョンをいつも頭に思い描いて

お店をはじめたからには最低でも10年は続けたい。オープンしてから2〜3年は目先のことで精一杯だと思いますが、それからが大事。変化に戸惑わないよう、常に先を見据えることです。

DATA

cafe・hakuta
カフェ・ハクタ

葛飾区東金町1-27-11
シラユリビル101
☎ 03-5876-9085
https://www.cafehakuta.com

最寄り駅の京成金町は、フーテンの寅さんで有名な柴又駅の隣。この地で生まれ育った白田さんが、パン屋やカフェレストランなどで働いてきた経験をもとにオープンしたお店です。人情にあふれる下町のあたたかい人たちに愛され続けている地域密着型。お惣菜のテイクアウトもできます。

開業日	2008年11月
開業までの期間	約3カ月
開業するまでの投資額	約1000万円
店舗物件契約保証金、礼金、不動産手数料など	約150万円
内装工事費	手伝いに加わり、知り合い価格で
什器、備品費など	食器などに10〜15万円
仕入れ費	20〜30万円
運転資金	300万円
店舗規模	店内20坪、テラス22坪
席数	13席
1日の平均客数	平日40〜50人、土日祝50〜70人
1日の売上目標	10万円

1 スープ、サラダ、コーヒー付きの本日のランチプレート。**2** 人気のゴルゴンゾーラのチーズケーキはちみつ添え。**3** ハンドドリップのブレンドコーヒー。

Owner's particular one

店主のこだわり

白田さんが生まれ育った土地にあるカフェなので、性別も年齢も関係なく、みんなの生活に寄り添ったカフェでありたいと思っているそうです。リビング代わりや隠れ家として。または、週末の家族の食事や一人暮らしの夕飯にお惣菜をテイクアウトできる便利な店として。店内でも店外でもお店の料理で笑顔になってもらいたいのです。

いつもの「ごちそうさま」が励みになってまたおいしいものを作ろうって思います

4 夜遅くてもお腹が空いたら駆け込める、23時まで営業。**5** ゆっくりくつろいで欲しいから、夜はキャンドルを灯して。**6** 抜群においしい手作りスコーン。

地元が好き。だから、地元で開業が自然だった

東京・葛飾。買い物客でにぎわう下町の商店街を抜け、少し外れた静かな場所に、いきなり無国籍風の緑が生い茂った、白い壁の低層マンションが現れます。お店の前には数多くの自転車が整然と並び、地元の人に愛されているカフェであることが一目瞭然。

店主の白田さんがこの地でカフェをはじめたのは2008年のこと。短大で栄養士の資格を取り、その後数店の飲食店に勤務。必要なノウハウを学び、地元金町にカフェを開きました。

「実際にやってみようと思ったのは、実はオープン3カ月前なんです」

友達に聞いた素敵なカフェに客として訪ねた際、偶然目にした求人広告で、この個人経営のカフェで社員として働くことになりました。同じ頃、通りがかった現在のお店の場所が空き物件になっているのを見つけ、やるな

OPENまでの道のり

- **2001年**
  栄養士の資格が取れる短大に通い、パン屋の厨房でのアルバイトをスタート。
- **2005年**
  都心型のカフェレストランで働き、仕入れやメニュー開発、店長業などを経験。
- **2008年4月**
  友人に教えてもらった近くの個人カフェに客として訪れ、募集広告を見て正社員として就職。
- **2008年11月**
  1週間前に同業者や先輩を集め、夜にプレオープン。問題を改善してオープン。

7 すぐに食べられるデリはテイクアウトメニューとしても人気。8 選べる「本日のデリ3種盛り合わせ」はボリューム満点。樽詰めスパークリングワインとともに。

らここで、と思ったそう。

就職したばかりで心配もありましたが、個人カフェのオーナーに話してみると逆に背中を押してくれたそうです。お金は貯金、親への借金、都の補助制度で工面しました。

「オーナーの人脈で設計事務所やお花屋さんも紹介してもらい、このカフェができたと言ってもいいくらい」

数年前に塗り替えた紺色の壁は「年齢、男女問わず来てもらえる、どんな人でも入りやすい雰囲気」というお店のコンセプトにより近づいたそう。

オープンから8年経った2016年、大きな変化がありました。

「責任をもって店を任せられる社員の店長を迎えました。その分、私は違う仕事へ幅が広げられるようになり、これからが楽しみです」

カフェをオープンするなら最低でも10年は続く店に。その10年も目の前。地元の人々のニーズはどんどん深まっています。

Layout & Interior

レイアウト＆インテリア

すべての人が居場所を見つけられる エイジレス、ジェンダーレスな空間

オープン当初は白かった壁を数年前に紺色に変えたことで、よりボーダレスな空間に。男性がふらっと一人で寄っても、女性が友達と来ても、そして家族で過ごしても居心地のいい空間が生まれました。

何色もの中から選んだ紺色の壁。お客さんから男女問わずに好評。

ふらっと気軽に立ち寄れるようにカウンターを設置。

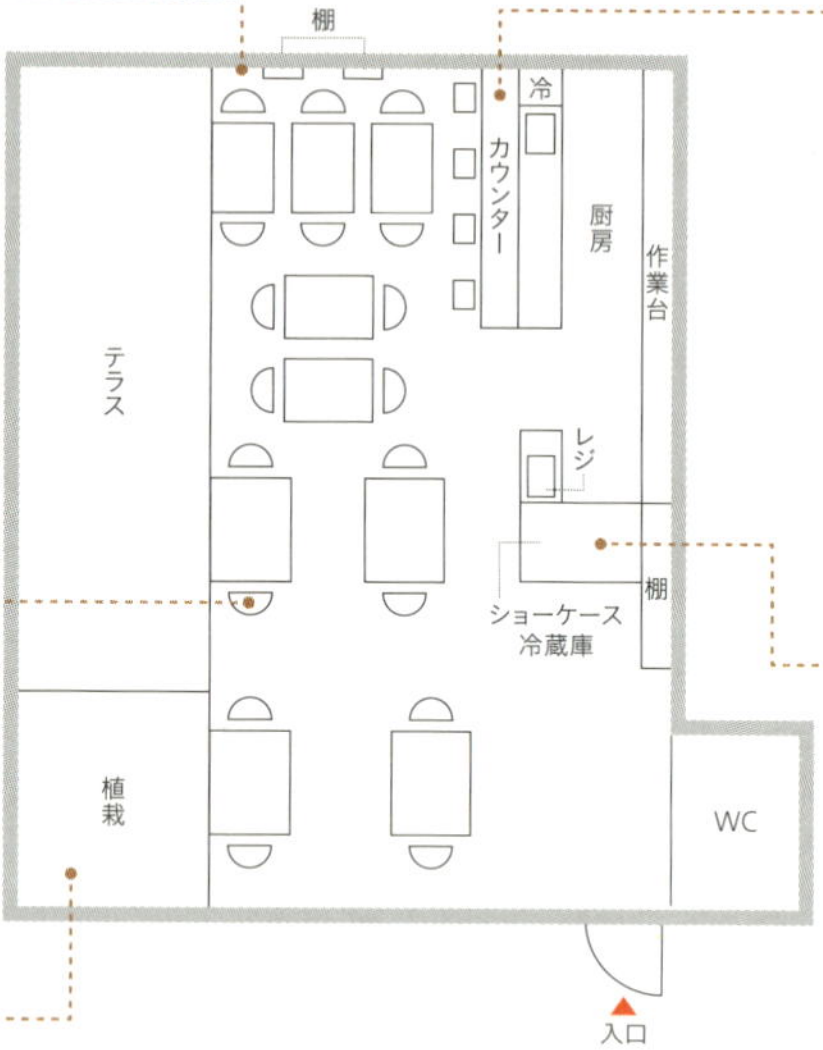

大工さんが作ってくれた、ゆったり座れる大きめのチェアー。

花屋と相談して植えたグリーンはお店の雰囲気を引き立てる。

テイクアウトOKの焼き菓子とデリはファンも多い。

1日の流れ

8:30 起床。

9:30 家を出る。途中銀行で両替など。

10:00 お店に到着後、掃除、ランチの準備など。

11:30 オープン。

14:00 ランチタイムからティータイムへ。交代で休憩をとり、夜の準備、翌日の仕込みを開始。

17:00 ディナータイム開始。

23:00 クローズ。あとかたづけ。

24:00 帰宅。仕事の整理をしたり、リラックスした時間を過ごす。

3:00 就寝。

カフェをはじめる＆続けるための

Q＆A

かわいいクマのスタンプの手提げ袋にも思わずニッコリ。

Q お店で最近はじめたことは？

A ありがたいことにテイクアウト用の焼き菓子やデリが好評で、お店の看板商品ともなっています。今までお食事の持ち帰りはできなかったのですが、お客さんからご要望も多かったので、持ち帰り用のお弁当をはじめました。本日のデリ弁当とグリーンカレーです。自宅用はもちろん、ビジネスマンの方のランチや、グループの方などにも楽しんでもらっています。

全種類を揃えているお店はなかなかないCOEDOビール。

Q 夜のドリンクメニューにもおもしろいものがありますね。

A 樽入りスパークリングワインをはじめ、埼玉県川越の地ビール・COEDOビールを全種類揃えています。COEDOビールは私自身が味わって、とてもおいしかったし、商品のコンセプトもおもしろかったので、メーカーに直接取引の連絡をして仕入れさせてもらえることになりました。お店で興味を持たれる方も多く、実際に味わってもらえるようになったので嬉しいです。

爪楊枝や綿棒など女性には嬉しい気配りのある洗面所。

Q 先輩からのアドバイスで、役立ったことなどはありますか？

A 困ったときにはいつも同業者だけでなく、いろいろな先輩方に相談にのってもらっています。ひとりでは解決できないことも多いですし。プレオープンではたくさんの方に来ていただきました。美容院を経営している方が、女性客が多いのだから、トイレにアメニティーグッズを置くといいよとアドバイスしてくださり、すぐに取り入れました。お客さんの評判が良かったです。

魅力的なメニュー開発は質の高い食材があってこそ。

Q 食材の仕入れはどうしていますか？

A すべて業者に任せています。さまざまな食材の揃え方があると思いますが、業者を使うメリットというものに、食材を集める時間の短縮ができる、食材の知識が豊富である、安く手に入る、変わった野菜や珍しい食材も入手しやすいなどが挙げられると思います。今付き合いのある業者は、昔働いていたカフェレストランからなので、良い関係が築けていると思います。

東京で開業したカフェ

08

アンテナショップも兼ねるカフェ

調布市深大寺東町

おむすびcafe & dining

micro-cafe

食べた食材がその場で買える。新潟の食と文化の情報を発信する東京の基地

店主
古川優孝さん
咲織さん

店主・古川さんが考える カフェをはじめるのに大切な3つのこと

1 「やりたいこと」「目指すもの」を明確にしておくこと！

カフェを営業していくのは簡単なことではありません。思っている以上に大変です。その大変さを乗り越えていくには、「やりたいこと」「目指すもの」をしっかり持っておく必要があります。

2 こだわりどころはぶらさない。粘って粘って貫く覚悟を

移動販売でおむすびを販売した当初は売れませんでした。同業者には商材が悪いから変えたほうがいいと随分言われましたが、僕たちが食べてもらいたいのはおむすび！ そこは変えない覚悟を持ちました。

3 変えられるところはすぐに対応し、進化させることが必要

セルフサービスではじめたお店でしたが、お年寄りや子連れのお客さんが多く、セルフが成り立たないことが判明。5日間でセルフはやめてフルサービスにチェンジ。臨機応変に行動することも重要です。

DATA

おむすびcafe＆dining micro-cafe
オムスビカフェアンドダイニング マイクロ・カフェ

調布市深大寺東町2-10-5 ☎ 042-444-3039
http://www.micro-cafe.com

店主・古川優孝さんの故郷である新潟のお米をはじめとする豊富な食材を使用した、料理自慢のカフェ。新潟の食材や特産品も販売しています。

開業日	2011年4月
開業までの期間	約1年3カ月
開業するまでの投資額	800万円
店舗物件契約保証金、礼金、不動産手数料など	300万円
内装工事費	300万円
什器、備品費など	100万円
その他	100万円
店舗規模	45坪
席数	50席
1日の平均客数	平日約100人、土日祝約150人
1日の売上目標	なし

将来を見据えながら新潟の食文化を伝える

フォルクスワーゲン・タイプⅡ（通称マイクロバス）での移動販売からスタートした古川さん夫婦。今も移動販売の営業を週3でこなしながら、調布市深大寺にあるこのカフェを切り盛りしています。ここに来る前は千代田区岩本町のオフィス街で小さな店舗を構えていました。移動販売はずっと丸の内や青山などの都心で営業。

「ここは最寄り駅からも離れた郊外の住宅地。都心ばかりで営業していたので、この地ではじめるのはかなり冒険でした。実は将来的には故郷の新潟でもカフェをオープンしたいと考えています。都心と新潟だと環境が違いすぎますが、ここならば都心よりは新潟に近い環境。ここでうまくいけば新潟での出店の手がかりが見つけられるかもという思いがありました」と話す古川優孝さん。どんなことでも「新潟で営業したらどうなるか」と

1 越後もち豚ロースのかんずり味噌漬け焼き定食とおむすびセット（ご飯を変更）。**2** 新潟名物の笹団子がのった笹団子パフェ。**3** 新潟の日本の種類も豊富。香り豊かな大吟醸はワイングラスで。

4 カウンターは客席にしないで、食器置き場や物販コーナーに利用。

魚は築地から入ってくるものもあるけれど
それを新潟産の塩麹に漬けるなど
必ずひと手間加えて、新潟の味に

いうことを見据えているのです。

お店は、新潟の実家で作っているお米を使ったおむすびが看板商品。それはオープンからずっと変わることはありませんが、ほかの食材も新潟産のものを使用することが圧倒的に多くなりました。同級生や親の知り合いなどさまざまな地元のツテがつながった結果です。

「最近は、『知り合いに新潟のお店があると聞いて来てみたの』とおっしゃるお客さんも多くなりました。その前は『おむすびカフェ』と呼んでくださる方が大半でした。うちはマイクロ・カフェという店名なんですけどね」と苦笑いする優孝さん。でもそれは、お店を確実に認知してくれているのだと思うからすごく嬉しいことだと言います。

2016年12月からは店内をプチリニューアルして、物販コーナーを拡大。メニューの料理やスイーツで使用した新潟の食材が買えるように。カフェとアンテナショップが融合した新スタイルのお店になりました。

OPENまでの道のり

- **2003年8月**
  街で偶然、走っているフォルクスワーゲン・タイプIIを見掛け、「この車で移動カフェをしてみたい!」とひらめく。
- **2003年9月**
  フォルクスワーゲン・タイプIIを購入。
- **2003年10月**
  咲織さんとふたりで、カフェのビジネススクール「カフェズ・キッチン」に通う(12月まで)。
- **2003年12月**
  咲織さんが勤めていた会社を退職し、カフェオープンの準備に専念する。
- **2004年5月**
  移動カフェを開始。優孝さんはまだ会社員だったため、カフェの営業は咲織さんひとりで切り盛りする。
- **2004年8月**
  優孝さんが勤めていた会社を退社し、カフェに専念。
- **2007年5月**
  実店舗「おむすびカフェ〜稲穂カフェ」を千代田区岩本町にオープン。
- **2010年9月**
  実店舗2店めの物件を探しはじめる。
- **2011年3月**
  今の店舗を契約。その10日後に東日本大震災。
- **2011年4月**
  「おむすびcafe＆dining　micro-cafe」オープン。
- **2012年12月**
  「おむすびカフェ〜稲穂カフェ」を閉店。
- **2016年12月**
  新潟の自治体とも連携し、新潟の食材を販売するコーナーを拡大。アンテナショップとしての役割も果たすカフェに。

Owner's particular one

店主のこだわり

新潟に住む優孝さんのご両親が作っているお米をはじめとして、食材の多くは新潟産のものを使用。カフェで食べられるそれらの食材、そして特産品などを店内で販売もし、カフェとアンテナショップが融合する新しいスタイルを確立しました。新潟の食や文化の発信基地となり、新潟の地域活性につなげられたらと思っています。

5 かたく握りすぎず、もろくなりすぎず……でふっくらとむすぶのがコツ。

6 お客さんが選べる楽しみもある、すべて異なるソファ。
7 新潟のお米で作ったかりんとうは人気のアイテム。

2009年、マイクロバスの移動カフェで営業している古川さん夫婦。

2016年、深大寺のカフェにて。

Layout & Interior

レイアウト＆インテリア

ミッドセンチュリーインテリアの中でおむすび定食を食べるギャップを楽しむ

もとはイタリアンカフェだった居抜き物件。今、店で使っているソファやイスなどの半分は、そのまま引き継いで使用しています。洋のインテリアと和の食事が共存するお店づくりを目指しました。

トレイや食器を置いているカウンターの奥がおむすびを作る定位置。

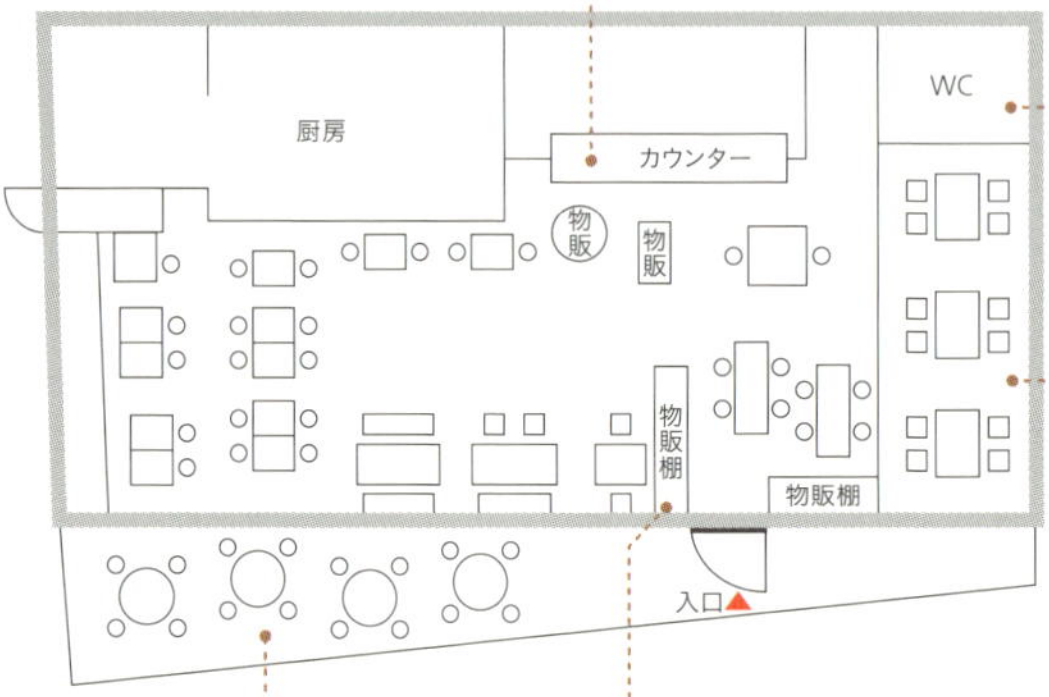

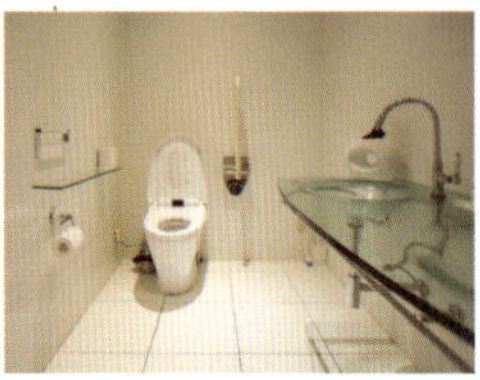

広々として清潔的なトイレ。手すりをつけて人にやさしく。

ウッドデッキのテラス席はペット連れのお客さんの利用が多い。

新潟で作られている手ぬぐいや藁ぐつなども販売している。

小上がりになっているソファ席のスペース。

1日の流れ

- 7:00 起床。
- 8:00 お店へ出勤。仕込みをはじめる。
- 10:00 オープン。
- 12:00 ランチの時間帯はお客さんが集中。
- 16:00 バックヤードで発注業務などをこなしながら、遅い昼食。
- 17:00 お客さんが再び増えはじめる。
- 21:00 クローズし、あとかたづけ。
- 22:00 帰宅し、夕食。
- 1:00 就寝。

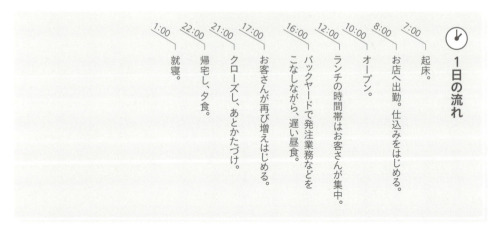

カフェをはじめる＆続けるための

Q&A

Q 予想していた客層と同じ？

小さな子ども連れのお客さんにはソファ席が人気。

A 住宅街なのでファミリー層が多いと予想していたのはそのとおりです。意外だったのはママ友のグループが多いこと。近くに幼稚園から高校まである私立の学校があります。そこの学校は保護者会がすごく頻繁にあるみたいで、その帰りにママ友のグループが一気に来てくださいます。想定していなかったので大変嬉しい誤算です。

Q 子どものためのメニューはある？

絵本やおもちゃは自由に手に取れるように。

A 子ども連れのお客さんは非常に多いですが、特別子どものためのメニューは用意しておりません。それは、おむすび自体が子どもメニューと考えているからです。移動販売の頃から、うちのおむすびは子どもにとても人気で、1、2歳の子どもでも喜んで食べています。お母さんと一緒に食べられるように子ども用の取り分け皿と、スプーン・フォークも用意しています。

Q 実店舗、移動カフェ、物販の売上の比率はどれくらいですか？

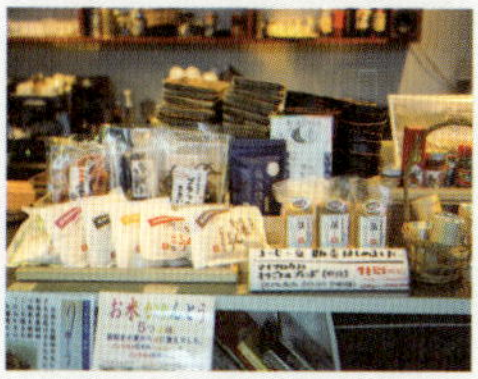
今後は物販の売上を全体の3割くらいに増やしたいそう。

A 2016年10月現在で、カフェ7、移動カフェ2、物販1くらいです。移動カフェは週に3回ランチだけの営業です。この店をオープンした当初、実は赤字で、移動カフェと当時並行して営業していた岩本町のカフェで補っていました。メニュー構成などさまざまな変化を重ね、3年後には実店舗の売上を2倍にすることができました。思い切って「変える」ことも、ときには必要です。

Q 看板商品のおむすびはスタッフ全員が作れますか？

三角形の海苔は、この店用に特別に作ってもらっている。

A 以前から、おむすびを作っているスタッフは何人かいました。ですが、マニュアル化できていなかったために、作る人によっておむすびの質がまちまちだったのです。誰が作っても同じ質のおむすびになるようにマニュアル化しているところです。

コーヒーの基礎知識1

コーヒー器具、豆の選び方・挽き方

カフェといえばコーヒー! たとえ食事中心のカフェでも、コーヒーはなくてはならないドリンク。

とびきりおいしいコーヒーを淹れるために必要な知識、器具と豆の選び方・挽き方のお話です。

お店の規模やコンセプトに合わせて抽出器具を選ぶ

抽出器具はお店の規模やスタッフの人数、コーヒーの存在位置をどこに置くかなどで決まってきます。たとえば、コーヒーに特にこだわりをもつカフェにするなら、ネルドリップやサイフォンなどで演出効果を高める、大規模のお店でとにかく一度に多くのコーヒーを均一の味で出したい場合は、マシンを導入する、などです。まずは、器具の特徴を知ることが先決です。

豆は挽いたときと抽出したときの香りをチェック

コーヒー豆は、焙煎してから1週間以内のものを購入しましょう。2〜3週間もすると酸化して後味が悪くなります。焙煎が不適切で芯残りした豆や、欠点豆などが残っていると一段と劣化が進むので、コーヒー豆を買ったらすぐに開けてチェックすること。豆を挽いたときと抽出したときの香りは、買う前に必ず確認を。豆の芯まで焼けているか、きちんと膨らんでいるか、豆と抽出した液体に艶があるかもチェックしておきたい項目です。

バラつきがないように抽出する直前に挽く

コーヒー豆は挽いて粉にすると空気との接触面が広がって急速に酸化するうえ、香りも失われます。抽出する直前に挽くのがベストです。挽いた粉の形状で味も変わってきます。挽くときは、バラつきがないように注意を。粉の大きさが違うと濃度や酸味、苦味がバラついて抽出されてしまいます。

抽出器具の特徴

■ ネルドリップ
コーヒーへのこだわりが強い人ほど使用することが多い器具。ネルでゆっくりと時間をかけて抽出されるコーヒーは、まったりとした深みのある味に。手入れの面倒なのが難点。

■ ペーパードリップ
ネル袋の代わりに使い捨てのペーパー・フィルターを使う方法。確実に味や香りが抽出され、さっぱりした味のコーヒーになるのが特徴。ただ、紙のにおいが気になる人も。

■ サイフォン
コーヒー抽出のプロセスがガラスを通してすべて見え、演出効果抜群。上部のガラスでお湯とコーヒー粉が混ざりあったときに竹ぐしでほぐすなどの手間が必要。コクのある味わいに。

■ 直火式エスプレッソ
熱湯が蒸気となって器具の中間に詰めている粉を通過し、上部の器に届いて溜まる。手間がかかるのでエスプレッソの消費が少ないお店向き。

■ 全自動コーヒーマシン
ブレンド、エスプレッソ、カプチーノ、カフェオレ、紅茶、ホットミルクがボタンひと押しでできる。本格派オートマチックフォーマーも内臓。

■ エスプレッソコーヒーマシン
代表的なのはイタリアコーヒー協会（INEI）認定の「ラ・チンバリー」。一度に4杯分が作れる4連式から1杯分の1連式のタイプまである。安定した量の泡のきめ細かなフォームドミルクが作れる。

挽き方と風味

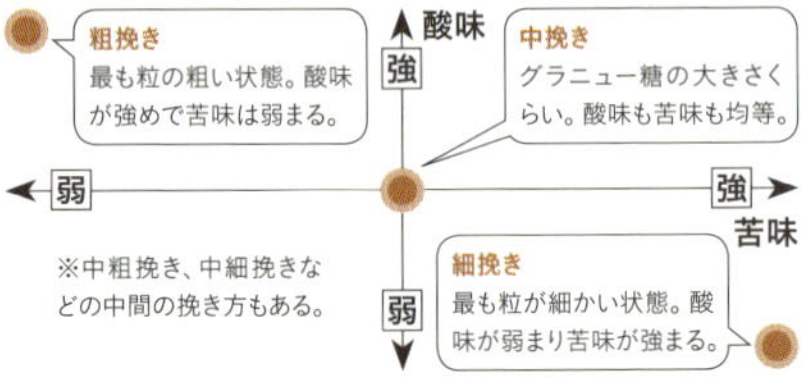
酸味
強
弱
弱
強
苦味
粗挽き
最も粒の粗い状態。酸味が強めで苦味は弱まる。
中挽き
グラニュー糖の大きさくらい。酸味も苦味も均等。
細挽き
最も粒が細かい状態。酸味が弱まり苦味が強まる。
※中粗挽き、中細挽きなどの中間の挽き方もある。

物件取得費をはじめとする開業資金を東京よりずっと抑えやすい地方。

Chapter.2

地方ではじめたカフェ

IターンやUターンで、地元でお店をはじめる人が増えています。
そのようなターン組や、生まれ育ったその地でお店をはじめた地元の人たちの開業奮闘記です。

地方ではじめたカフェ

01

新たな縁を生み出すエスプレッソカフェ

青森県弘前市
時の音ESPRESSO

時の音を聞きながら自分と向き合い、人と出会えるサードプレイス

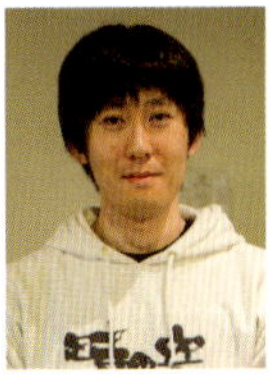

店主
平野秀一さん

店主・平野さんが考える カフェをはじめるのに大切な3つのこと

1 “やれたらいいな”ではなく“やる”と決められる「覚悟」

カフェに限らず、やるやらないは決めてしまった方が、次の行動を具体化でき迷いがなくなります。やると覚悟を決められれば、あとは実現に向けて動けばいいだけなので、行動にブレが出ることがありません。

2 これまで積み重ねてきた人生経験に基づく「自信」

前職の医療機器メーカー時代の13年間、きちんと仕事をしてきたという自負が自信となって、カフェ経営という新しい物事に挑戦できました。自信がないと、物事をやりきるのは難しいと思います。

3 いま自分がやるべきことをやり続けられる「努力」

やらなければならないことを必ずやる、そのための努力が必要です。なにをやるべきか、どう続けていくか、それらを考えることも努力のひとつ。行動と思考を持続させることが、成果につながります。

DATA

時の音ESPRESSO

トキノネ エスプレッソ

青森県弘前市北横町5
☎ なし
https://tokinone1.tumblr.com

店名では「ときのね」と呼んでいる、「時の音（ときのおと）」という言葉は、店主・平野さんが時間の流れめいたものを例えて造ったもの。「時の音（ときのおと）を聞きながら感じながら、人生について考える場にしてほしい」。このお店への、平野さんの想いが込められています。

開業日	2012年8月
開業までの期間	約4カ月
開業するまでの投資額	約816万円
店舗物件契約保証金、礼金、不動産手数料など	なし
内装工事費	約300万円
什器、備品費など	約243万円
仕入れ費	約3万円
運転資金	約270万円
店舗規模	7坪
席数	12席
1日の平均客数	平日約10〜15人、土日祝約20〜25人
1日の売上目標	なし

提供したいのは
コーヒーだけじゃなく
「人と人がつながる場」。
〝誰かがいるんじゃないか〟って
気持ちで入ってきてほしい

6

5

××××××××××××××××××××××××××××××××

Owner's particular one

店主のこだわり

エスプレッソに特化した店にするため、マシンにはこだわりました。ラテアートを作るには、水っぽさのないミルクを生み出せるスチームがとても大切。La MARZOCCO製マシンは水蒸気の圧が強く、ドライなミルクを作ることができるところも気に入っています。

××××××××××××××××××××××××××××××××

自分を体現する店だから愛着のある街を選んだ

青森県弘前市。春の桜と夏のねぷた、秋のりんごで有名なこの街に、はじめてのエスプレッソ専門店ができたのは2012年。カフェ文化が根付いていたこの土地で、コーヒーの新しい味わい方を紹介している店主・平野さんは、「地域愛が受け継がれているこの街で、ほかにない価値を提供するお店を開きたかった」と話します。

13年間の会社員生活を経て、自分が望む生き方をしたいと独学でコーヒーの技術を身に付けた平野さんは、お店を持つなら高校・大学時代に慣れ親しんだ弘前市でと決めていました。

「城下町という背景があるからでしょうか、街に対する愛情が強い人が多くて。そんな人と人とがつながって、この街らしさを自然と受け継いでいく。それに、なにをやってもいいという懐の深さを感じさせるのも、弘前という街の魅力です」

OPENまでの道のり

▶ 2007年〜
医療機器メーカーでの勤務は順調だったが、将来は組織に縛られず自分で何かやりたいと退職を決意。コーヒーが好きで趣味でカフェめぐりをしていたころ。

▶ 2012年3月
カフェ経営を決意し、職場での引き継ぎを終えて3月に退職。

▶ 2012年4月
オープン準備とあわせて独学でのコーヒー技術習得に集中する。

▶ 2012年5月
祖父母宅を店舗にするため業者に発注してリノベーション。エスプレッソマシンも手配し、具体的に開業の準備を進める。

▶ 2012年7月
店舗完成。設置したエスプレッソマシンを使用してドリンク類の自主練習を重ねる。

▶ 2012年8月
知人を呼んだプレオープン後、8月25日にグランドオープン。

4 テーブルを囲むように椅子を並べて誰とでも語り合える場を。

1 定評あるLa MARZOCCOのマシン。デザインも美しい。2 実家の壁掛け時計が違和感なく場になじんで。3 地元にちなんだ冊子の紹介も。

5 ジンジャーアメリカーノ。6 人気のアイス豆乳ラテ。7 温かさと冷たさが楽しいアッフォガード。8 一杯ずつ丁寧に仕上げる。9 豆は島根から「豆感」が強いものを取り寄せ。

お店を開くときにもうひとつ、平野さんが考えていたことがあります。それは、エスプレッソという新しい価値に加えて、「場」そのものの価値も提供していくということ。家でもなく、学校や職場でもないこの場を、一人ひとりがリラックスして自分と向き合い新たな一歩を踏み出す場にしてほしい。そのために、自由なディスカッションの場「時《とき》の音《ね》ゼミ」を主宰し、学生から社会人まで幅広い人々がつながるきっかけを作ったり、新しいフィールドに向かおうとする仲間を応援するイベントの場作りをしたりもしています。

「自分の居場所があることはとても意味があって、自分の生き方をそのまま表現することができる。そうすると、そこに共感してくれる人が集まって、ここで出会った人同士が縁をつないでくれます。お店を経営するっていうのは、ただ仕事するんじゃなくて生きることそのものなんじゃないかなと思いますね。お店を持つって楽しいですよ」

時の音
ESPRESSO

夕暮れになり、温かい灯りがともる時の音ESPRESSO

Layout & Interior

レイアウト&インテリア

慣れ親しんだ祖父母宅を自分の居場所にリモデル

「サイズ感も雰囲気もいい」空いていた祖父母宅をリノベーション。水回りを新しくし耐震強度を上げるなど基礎的な部分はプロの力を借りながら、細部は自分らしく手を入れて仕上げています。

家具も自宅にあったものや知人からの提供品をDIYなどで活用。

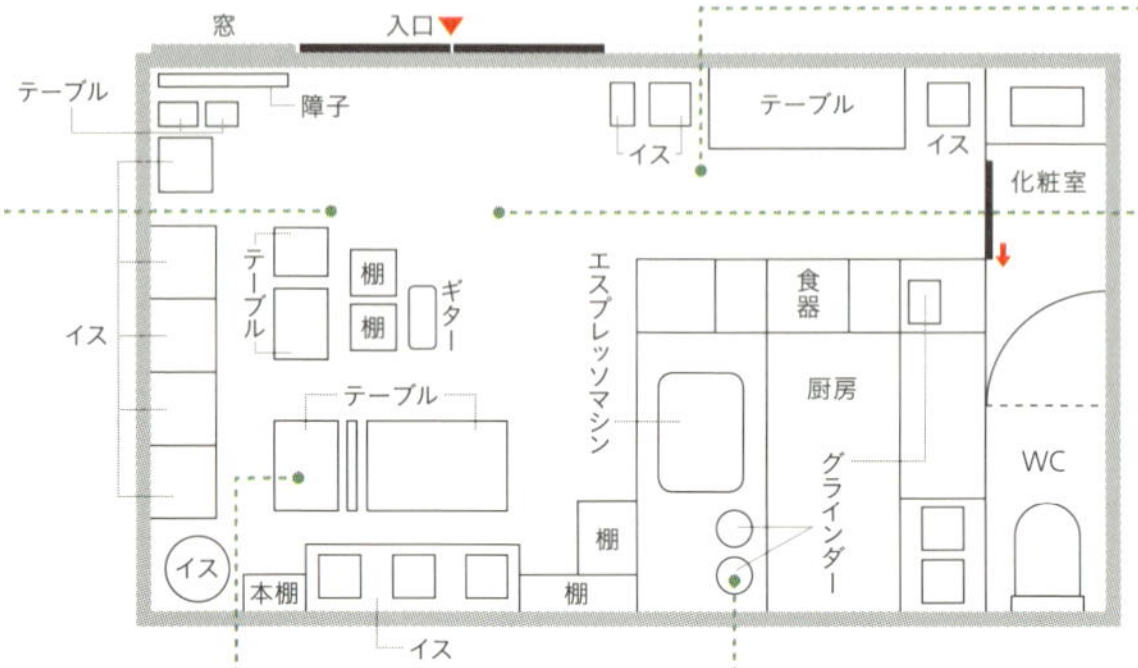

ガラスのシェードに新聞紙を貼り付けて光量を自分好みに調節。

天井はあったものをそのまま残して懐かしさのある空間に。

お客さんとの大切なコミュニケーションツール「フリーノート」。

ドリンクに合わせて豆を変えるためグラインダーも2つ用意。

1日の流れ

7:30 起床。身支度のあと、軽く朝食をとり、家を出て店へ向かう。

9:30 近所のスーパーでミルクなどの買い出しをしてお店へ出勤。オープン準備。

10:00 オープン。日によって仕込みを行う。

11:30 昼前にお客さんの流れがいったん切れることが多いので昼食はそのときにサンドイッチなどをさっと口にする程度。

19:00 クローズ。イベント等がある場合はそのまま21時くらい、ときには24時くらいまで営業の場合もある。

21:30 帰宅して夕食。

1:00 就寝。

＊毎週木曜日の定休日は、知り合いの店や好きな場所に行き、自分の好きな人に会う時間にしている。

カフェをはじめる＆続けるための

Q＆A

Q メニューはどのように決めた？

A プレオープンのときに、エスプレッソやカフェラテなど当時の知識と経験でできるものからはじめて、種類を増やしていきました。ここにしかないものを提供したいというコンセプトに合わせ、自作のアーモンドミルクも裏メニューでお出ししています。シフォンケーキを提供していたこともありますが、自分が考える店づくりには必要ないと判断し、今はありません。

アーモンドミルクは自分でローストするなどレシピもこだわる。

Q どんな情報発信をしている？

A 店専用の回線を引くとなると費用がかかるので電話を置いていないこともあって、情報は自分から発信するようにしています。SNS、特にInstagramやFacebookが多いですね。そういった情報に反応して来てくれるお客さんは、気持ちのいい人が多いです。そんなお客さんが集まりやすいように、必要以上に知られないことも意識して営業しています。

オリジナルのロゴも店らしさを伝える大切な情報のひとつだ。

Q 独学でお店をはじめるために必要なことは？

A ある程度の年齢になっていたこともあり、専門の学校へは通わずに、自分が必要だと思う勉強にのみ時間とお金を費やそうと決めました。人にもよりますが、学校に行くことで満足してしまい、そのまま終わってしまうこともあります。限られた時間とお金で、どれだけの効果を生み出せるか。開業を意識するならば、いつでも費用対効果の視点を持つことが大切です。

カフェやコーヒーに興味のあるお客さんに経験を伝えることも。

Q パートナーにはどう伝えた？

A 開業を決意したときはすでに結婚していましたが、お店をはじめたい気持ちは前から伝えていました。それを応援してくれる人だったので、結婚できたのだと思います。開業資金は私の貯蓄でまかないましたが、そのほかさまざまな面で協力してくれました。妻は仕事熱心で自立している人ですが、開業に至るまでには、そういったパートナーの存在は大きいです。

入口にあるのれんは裁縫が得意な妻が手作りしてくれたもの。

地方ではじめたカフェ

02

内装を自分で手掛けた手づくりカフェ

山梨県甲府市

DOux CAFE

ひとりでのんびり営業する、
甲府では古株に入るカフェ

店主
渡辺志帆さん

店主・渡辺さんが考える

カフェをはじめるのに大切な3つのこと

1 自分がやりたいカフェのイメージを明確に描くこと

「こういうお店にしたい！」という明確なイメージがないと、内装するときでもメニューを決めるときでも必ず迷いが出て、なかなか前に進めなくなります。お手本にするカフェを見つけておくのも手です。

2 背伸びしないで、自分に無理のないスタイルで

特にひとりでお店を続けていくためには無理は禁物。うちではパンとアイスクリームは、機械を使って手作りしています。時間短縮できるところはする。そういうことも必要です。

3 時には根拠のない自信が必要なときもあります

根拠のない自信が自分を突き動かすこともあります。私なんて日曜大工的なことが好きというだけで「私でもできるような気がする！」と内装は自分で行いました。自信をもって気合いを入れましょう！

DATA

DOux CAFE
ドゥ カフェ

山梨県甲府市朝日1-7-14
☎ 055-253-7273
https://doux-cafe.tumblr.com

メインの道路から小さな脇道に入ったところにあるビルの2階にある、店主の渡辺さんがひとりで営む小さなカフェ。渡辺さんがペイントした赤いかわいらしいドアが目印です。セルフビルドした店内は、パリのレトロなカフェの雰囲気。ひとりでゆっくりとくつろげる空気感が漂っています。

開業日	2004年4月
開業までの期間	約1年間
開業するまでの投資額	230万円
店舗物件取得費	なし
内装工事費	148万円
厨房設備費	33万円
什器、備品費など	38万円
仕入れ費	4万円
その他	7万円
店舗規模	10坪
席数	18席
1日の平均客数	約10人
1日の売上目標	1万円

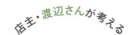

1 祖父の会社で使っていた明治29年製の金庫。動かすことが不可能なためそのまま置いているが、このカフェの雰囲気にとてもマッチしている。

店名の「ドゥ」はフランス語で「心地がいい」「穏やかな」という意味。そんな気分になっていただけたらと思います

やればできる！ 内装工事は自分で

店主の渡辺さんはもともと独立志向。まだ会社勤めをしていたころ、京都へ遊びに行ったときにたくさんのカフェに行き、「私はこういう場所で働きたい！」と実感したのだそうです。

ちょうどそのとき、亡くなった祖父が経営していた会社の事務所が空き部屋状態に。ここを利用すれば、物件取得費はかからないし、毎月の家賃も発生しません。また、「自分でカフェをつくる」という内容の雑誌を見たら、内装をすべて自分で行う方法が書いてありました。

「私にもお店はできるかも!?」と根拠のない自信に突き動かされました。祖父のその物件を管理している父には大反対されましたが、熱意で説得しました」

ここまでの話は2001年のこと。当時、甲府にはカフェという形態のお店はほとんどなかったそうです。

「ですから、東京に行ってカフェ

2 渡辺さんが「こんなふうなカフェにしたい!」惚れ抜いたある雑誌のカフェのページ。3 たっぷり食べられるクレームブリュレ。4 パンはオープン時から手作りしている。5 何回も試作を重ねて、たくさんの人の意見を聞いて味が決まったキノコとトマトのカレー。かなり辛め! 6 冬になったら登場するビーフシチュー。ライスかパンかうどんを選べる。

Owner's particular one

店主のこだわり

当時、甲府にはひとりでも入りやすく、落ち着ける雰囲気のお店がなかったため、そうできるお店をつくろうと思ったと言う渡辺さん。ソファを設置したのも、お客さんにくつろいでもらいたいから。いつもより時間がゆっくり流れるような空間です。

OPENまでの道のり

- **2001年**
  カフェをやりたいと考えはじめる。
- **2002年4月**
  カフェ開業の勉強にもなると思い、フレンチレストランでアルバイトをはじめる。
- **2003年3月**
  カフェ開業準備に入るため、フレンチレストランを辞める。
- **2003年4月**
  カフェを開業なら、本場パリのカフェを見てみたい! とパリへ旅立ち、カフェめぐり。帰国すると、店舗にする祖父の会社の事務所だった部屋のかたづけを開始。
- **2003年6月**
  大工仕事が好きな叔父とふたりで内装工事をスタート。週末には結婚式場で介添人のアルバイトも行う。工事とアルバイトの合間に、東京へ行き、カフェめぐり。
- **2003年10月**
  ここからはひとりで塗装作業などを行う。料理メニューの目玉となるカレーは何回も試作を重ね、厳しい意見を言ってくれる友人たちに食べてもらい、味を決めていった。
- **2004年4月**
  オープン。

めぐりをしました。雑誌で見て『こういうカフェにしたい!』と一目惚れしたのも東京にあるお店でした。もちろん、そこも見に行ったし、とにかくたくさんのカフェを見て、自分がやりたいカフェのイメージをしっかりと固めていきました」

内装工事は当初の思惑どおりにすべて自分で行いました。運良く、大工仕事の好きな叔父が全面的に手伝ってくれることに。

「1年もかかってしまいましたが、素人でもできるもんです。でも、これは物件がタダだからできたこととも言えます。家賃が発生していたら絶対に無理」

そして2004年、無事にオープン。宣伝は特にしなかったそうですが、そのわりにはお客さんが来てくれたそう。

「甲府の人たちは新しいもの好きなうえ、狭い土地なのでクチコミでその情報がすぐにまわります。集客はその賜物です(笑)。話を聞きつけて、小学校の同級生が訪ねて来てくれるのも地元ならではですね」

Layout & Interior

レイアウト＆インテリア

理想のイメージに仕上げるために1年かけて自分で内装

雑誌で見て一目惚れしたカフェのインテリア。そこと同じようにすると明確なイメージができあがっていたので、それに近づけるべく、内装は叔父さんに手伝ってもらいながら、渡辺さんがすべて行いました。

板を何枚か合わせて作ったカウンター。スツールは同じもので揃えた。

ゆったりとくつろいでもらいたいからとソファ席を多くした。オープン当時、甲府にソファのあるカフェはあまりなかったらしい。

収納スペースだった場所は扉を外し、飾り棚に。渡辺さんの好きな本やお気に入りのビンなどを飾る。

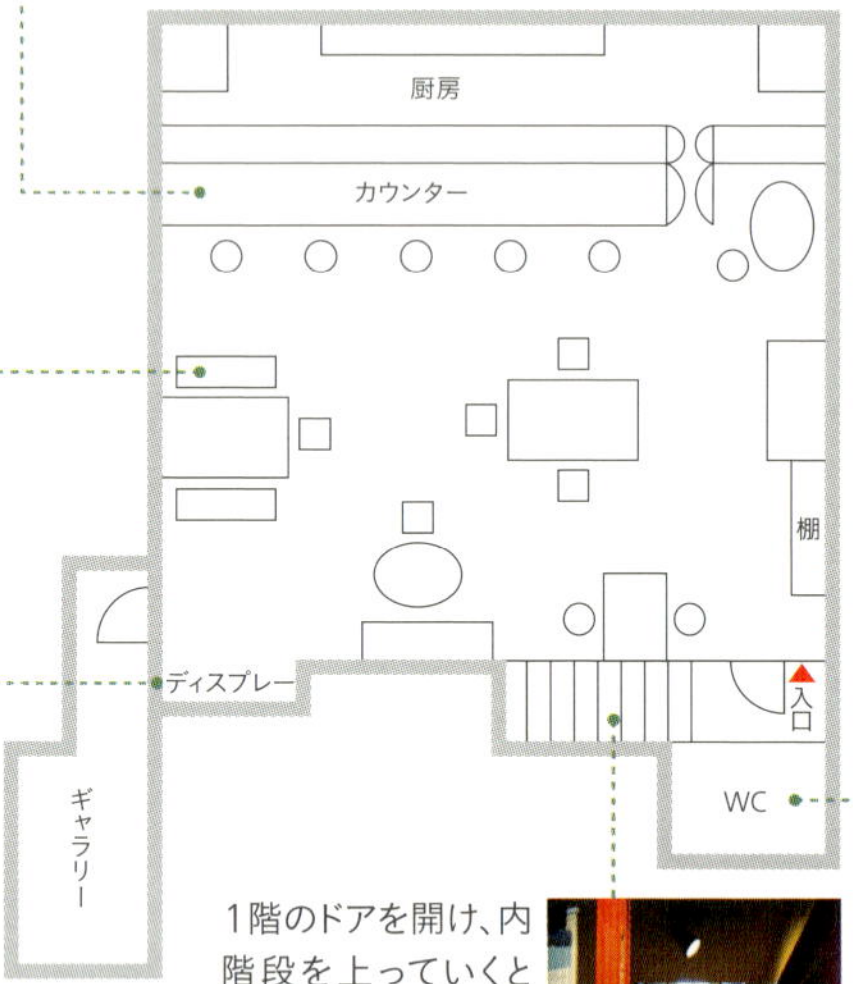

元は会長室だったというだけあって、かなり広々としたトイレ。タイル貼りした洗面台は渡辺さんのお気に入り。

1階のドアを開け、内階段を上っていくと左側がカフェ。フランス映画「ぼくの叔父さん」のポスターがドアの色とマッチ。

1日の流れ

8:00 起床。

9:00 家を出て、子どもを保育園へ送る。

9:30 スーパーで買い出し。

10:00 お店に着く。掃除と仕込み。早めのお昼ごはんをとる。

11:30 オープン。

16:00 クローズ。メールチェックなど。

17:20 お店を出て、保育園へ子どもを迎えに行く。

18:00 帰宅し、夕食。

24:30 就寝。

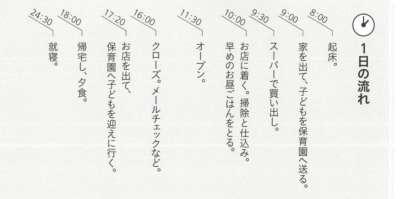

カフェをはじめる＆続けるための

Q＆A

Q　オープン前に相当な数のカフェを見て歩いたそうですが……。

A　東京へ行き、カフェのハシゴをしました。行ったカフェは、間取り、インテリアの雰囲気、メニューの種類、料理の盛り付け方、店内に流している音楽、使っている食器やカトラリーなど、自分が気になるところはすべてメモしてきました。当時は今みたいにスマホでパシャという時代ではなかったので。それで自分がいいと思ったとこころを自分のお店づくりに役立てました。

行ったカフェの情報がぎっしり詰まっているノート。

Q　ひとりだけの営業で大変なことは？

A　ひとりが大変と思わないようにやろうと心掛けています。冷凍できるものはたくさん作って冷凍して使う。おいしくできるホームベーカリーやアイスクリームマシンを使うなど、無理をしてまで手間はかけない。お客さんにもうやめたメニューの復活を要望され、すぐに応えられたりするのもひとりでやっている強みのような気がします。

ひとりで作業するのにちょうどいいコンパクトな厨房。

Q　接客で気をつけていることは？

A　お客さんとの距離感ですね。人によって異なるので、この人はどういうタイプかを観察します。実は私、オープン時から毎日来たお客さんをメモしているんです。名前がわかる人は名前を、わからない人も多いですが、その場合は身なりなどの特徴と注文したものを書き留めています。初めて来店した人にはマーキングしたり。ここでメモしたことが話の糸口になることもあります。

お客さんの特徴、注文したものなどを毎日記録している手帳。

Q　ギャラリーもあるんですね。

A　2007年8月にオープンさせました。やはり、ここも自分で内装を手掛けました。甲府にはまだまだアートや文化を発信する場が少ないと感じていたためです。展示があるときは、普段とは異なるお客さんがいらっしゃるので新鮮な気分になります。この場所が人と人がつながるきっかけになればいいなと思っています。

展示がないときのギャラリー。作品が映えるシンプルなつくり。

地方ではじめたカフェ

03

路地裏に潜む ロースターカフェ

長野県長野市

ヤマとカワ珈琲店

築80年以上の古民家をリノベーション。自分のスタイルを貫くために営業形態を変更

店主
川下慶太さん

店主・川下さんが考える

カフェをはじめるのに大切な3つのこと

1 知らない土地ではじめる場合は住んでみてから店舗物件を決める

ある程度その土地に住んでみないと、エリアの特徴まではわからないと思います。お店にとって立地はとても重要です。私は長野に移り住んでから物件探しをはじめました。

2 俯瞰できるように仕事にある程度の距離感をもつ

客観的に俯瞰できるような距離感のあるコトを仕事にする。私の場合はそれがコーヒーでした。好きすぎて思いつめるようなコトを仕事にすると、目標達成のための手段が目的になってしまいます。

3 100点を目指さずに80点でいい……くらいの気持ちをもつ

いつも100点を目指していると、お店は続けられない。絶対にしんどくなってくるはずです。毎日100点を目指すよりも、80点でもいいから長く続ける方が大切です。

DATA

ヤマとカワ珈琲店　ヤマトカワコーヒーテン

長野県長野市鶴賀田町2252
https://yamatokawa.com

大阪から移住してきた川下さんが善光寺の門前エリアで営む、焙煎所とカフェが一緒になったお店。毎朝7時から店内にある焙煎機でコーヒー豆を焙煎していて、できたての味わいが楽しめます。店頭でのコーヒー豆の販売、ネット販売、卸しもやっています。

開業日	2014年3月
開業までの期間	約1年4カ月
開業するまでの投資額	290万円
店舗物件契約敷金、礼金など	10万円
内外装工事費	250万円
厨房機器費	15万円
什器・備品	15万円
店舗規模	10坪
席数	6席
1日の平均客数	10〜20人
1カ月の売上目標	60万円

1

2

3

4

コーヒーは難しく考えるより、ただ飲んでほっとできるもの。そんな位置づけでいいと思っています。

1 コーヒーはネルドリップで抽出。最初に少しお湯を注ぎ、長く蒸らす。**2** 濃いめに抽出し、最後にお湯で割る。**3** コーヒーにはバターと砂糖をまぶしたクルミを添えて。**4** お店で手作りしているレモンケーキ。

見知らぬ土地で力試しをするつもりで

大阪出身で大学卒業後は名古屋で勤務。そんな川下さんが、長野にお店をオープンしたのは2014年のことです。

「ゆくゆくは自営業をしたいという思いがずっとありました。2012年ですから28歳の会社員のときです。友達が結婚しはじめたことに影響されたのか、漠然と将来のことを考えるようになりました。そうするとずっと会社員でいることに違和感を覚えました」

ちょうどその頃、たまたま友人から、長野市には空き家がけっこうあって、地方から移り住んだり、お店をやっている人が多いことを聞きます。そしてその時期に市内で開催された空き家見学会に参加。以降、何回か市内を訪れて散策。移住者が経営しているゲストハウスに宿泊したりして、そこから人の輪も少しずつ広がっていきました。

「どうせお店をはじめるなら、

OPENまでの道のり

- **2012年11月**
  長野市・善光寺界隈の空き家見学会に参加し、2〜3軒の空き家を見せてもらう。以降、数回にわたり、長野市の街をよく知るために遊びに来る。
- **2013年3月**
  勤めていた建築資材会社を退社。
- **2013年4月**
  長野市に移住。物件探しをはじめる。
- **2013年8月**
  現物件を契約。自分で改修をはじめる。
- **2014年3月**
  「喫茶ヤマとカワ」オープン。カレーのメニューも提供していた。
- **2015年3月**
  カレーのメニューをやめる。
- **2015年10月**
  焙煎機を導入。
- **2016年1月**
  店名を「ヤマとカワ珈琲店」に変更。

5 コーヒー豆は苦め深煎り、甘め中深煎りなど4種類を販売。**6** 古道具屋で買った学校のイスは、店の雰囲気に絶妙に合っている。**7** アンティークの手動ミルはインテリアに。**8** お店は南向きのため、冬でも暖かい日差しが入る。

Owner's particular one

店主のこだわり

「生活があってこそのお店」というのが川下さんの柱となる考え。家族と一緒にいる時間をきっちりとるという理想の生活を実現させるべく、カレーはやめてコーヒーだけに力を注ぐことに。9時〜19時だった営業時間を13時〜日没までに変更。無理せず長く続けることが川下さんのスタイル。

知り合いがいない土地で自分の力を試してみたいと思いました。何回か訪れた長野が気に入ったことは言うまでもありません」

オープン当初、お店は川下さんの二大好きなモノ、カレーとコーヒーを出すお店でした。しかし、営業をはじめるとひとりで両方をこなすのはすごく大変。おまけに、コーヒーの焙煎が楽しくて仕方なくなってきたのです。結婚をして、家族と過ごす時間を大切にしたいという気持ちも強くなりました。

カレーはオープンから1年でやめ、焙煎機を購入。ガスコンロの火で網をふりながらやっていた手動の焙煎は卒業です。

「コーヒー豆は店頭販売だけでなく、卸し売りやネット販売もできます。飲食業というより製造業に近い感じがします。こっちのほうが自分に合っていることがわかりました」

ときには変える勇気も必要で、変化は進化にもなりうるのです。

テーブルやイスなどすべてのものが何十年も前からこの空間にあったようになじんでいる。

Layout & Interior
レイアウト＆インテリア

築80年以上の物件に合わせて家具も古びて趣のあるものに

お店は昭和8年に建てられた民家を川下さん自らリノベーションしたもの。テーブルとイスはほとんどを古道具屋で購入。なかには新品の天板を買ってきて、トンカチで叩くなどしてあえて古びたニュアンスを出して作ったテーブルもあります。

焙煎機を置いているところは、元は床の間だった。

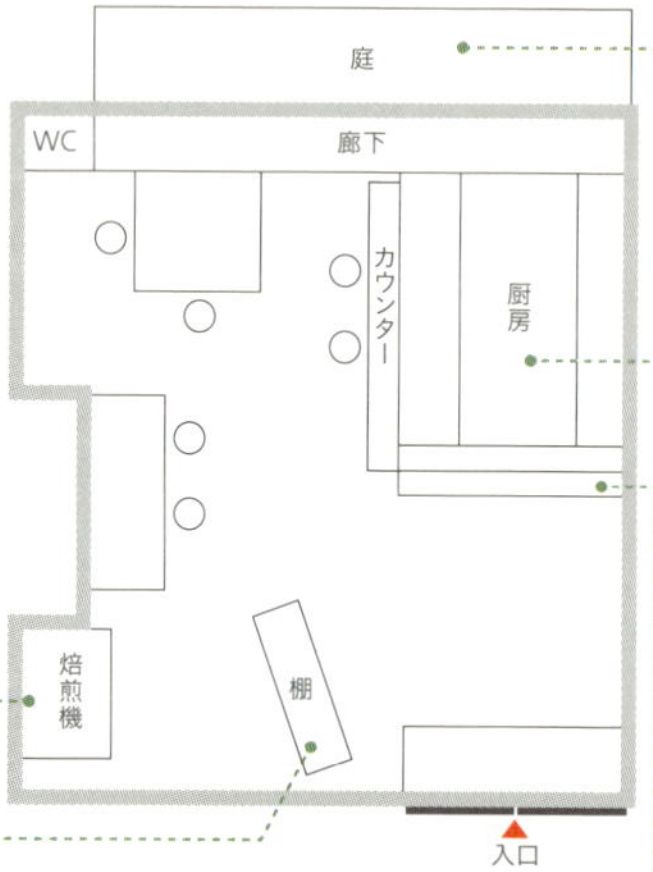

店の奥には小さな庭。庭があることも物件選びの条件だった。

お店で使用しているカップなどを販売している物販の棚。

メニューに料理はないので、至ってシンプルな厨房。

入口から入ってすぐの正面の棚はコーヒー豆の販売コーナー。

1日の流れ

5:30 起床。

6:00 お店に着くとすぐに焙煎機を温める。朝食をとる。

7:00 焙煎を開始。

10:00 焙煎が終了。オープン準備にかかる。

12:00 昼食をとる。

13:00 オープン。日没まで営業なので、夏は長く、冬には短くなる。

19:00 帰宅。

23:00 就寝。

カフェをはじめる＆続けるための

Q＆A

Q 知り合いのいない土地でどうやって人とつながっていった？

A 住む前に何度か遊びに来たときに宿泊したのが、移住した人が営業しているゲストハウスでした。そこの主をとおして人を紹介してもらったり、自分と同世代でお店を経営している人に「今度、僕もお店やるんです」と声を掛けたり。移住というと、地元の人に受け入れられにくいというイメージをもつ人もいるかもしれませんが、そういうことはまったく感じませんでした。

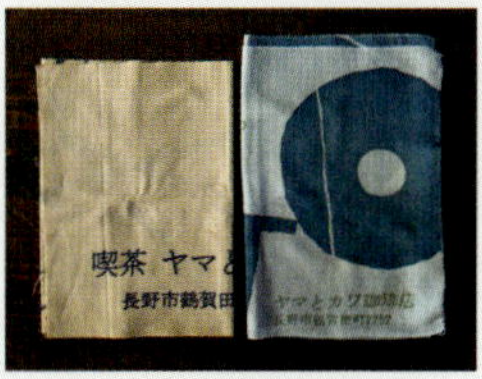

知り合いの作家が作ってくれたオリジナル手ぬぐい。

Q メイン通りからかずれた路地裏的な立地に不安はなかった？

A あえてメイン通りからはずれたこういう立地を選んだので不安はありませんでした。わざわざうちの店を探して来てくれるお客さんがいいのです。静かに営業するほうが性に合っているんです。

6席しかない小さな店なので、路地裏がいいあんばい。

Q 築80年以上の古民家の使い心地は？

A 古いものが好きなので、古民家を利用することは決めていました。5年間空き家だったので、最初はおばけ屋敷状態でした。3部屋＋台所だったのを壁を壊してワンルームに。大きな窓が南北にあって風が通るので、夏でもクーラー要らずです。冬はすきま風は入るけど、南向きの窓から入る日差しが予想以上にあたたかい。トイレが詰まるのがたまにキズです。

日当りがいいので、入口に置く植物もよく育つ。

Q 焙煎のしかたはどうやって覚えた？

A お店をはじめる前に2週間ほど、焙煎をやっている人に基本的なことを教えてもらいました。焙煎は機械や豆によってもやり方が異なるし、その日の気温や湿度なども関係してきます。その人からは「毎日焙煎して経験を積むことが一番」と習ったので、今でも毎日が勉強。毎日の焙煎の状態……、どのタイミングで火力を調節したらどういう味になったかなどを書き留めています。

毎日の焙煎の状態をチェックした研究ノート。

地方ではじめたカフェ

04

ジャムをとおして
静岡の情報発信をする

静岡県静岡市
しろくまジャム

静岡の広報係と、
中山間地と市街地をつなぐ
案内役を買って出た
小さくてかわいいお店

店主・武馬さんが考える カフェをはじめるのに大切な3つのこと

店主
武馬千恵さん

1 人との出会い、つながりが大きな力になる

知らない土地でお店をやるには、人とのつながりが何よりも大切。JICA国際協力推進員の時代から今までに知り合った人たちは財産です。この人たちと出会わなければ、開業はできなかったと思います。

2 すべてが糧になる！たくさんの仕事経験

カフェをはじめるまで、実にたくさんの仕事に就いてきました（p.97参照）。カフェは料理を作って接客するばかりが仕事ではありません。今までのすべての仕事経験がカフェ経営にいかされていると思います。

3 一生やっていくなんて思わない。いつでもやめられる覚悟をもつ

これは私に限ってのことです。いつでもやめられると思っていた方が好きなことができ、冒険もできます。冒険して失敗……を繰り返し、3回に1回くらい成功すればいいと考えています。

DATA

しろくまジャム

シロクマジャム

静岡県静岡市
※2018年9月に閉店

名古屋出身の武馬さんが勤務地の静岡を気に入り、その仕事を辞めたあとにオープンしたお店。静岡県産の旬のくだものを使ったジャムを作って販売。店内では地元の食材を使用したランチやスイーツが楽します。静岡県中山間地の情報発信の基地として静岡の魅力を伝えるカフェです。

開業日	2015年6月
開業までの期間	約1年
開業するまでの投資額	約500万円
店舗物件契約保証金、礼金、不動産手数料など	非公開
内装工事費	非公開
什器、備品費など	非公開
仕入れ費	非公開
運転資金	非公開
店舗規模	8.9坪
席数	12席
1日の平均客数	25〜30人
1日の売上目標	4万円

静岡だったから4年で開業できた

ＪＩＣＡ静岡県国際協力推進員として、はじめて静岡に住むことになった武馬さん。国際協力推進員は各県に配置されており、県外の人が入ると苦労するところもあると聞いていました。

「静岡に来てまず驚いたのは『どこの人？』と一切聞かれないこと。人を受け入れるのが上手な県民性だと思います。知り合いがいない土地に来て４年でお店を出せたのは、人とのつながりがあったからこそ。お店をオープンするまで、本当にたくさんの地元の人に協力してもらいました」

なかでもしずおか信用金庫の担当者との出会いは大きかったといいます。

「資金調達はもちろんですが、物件選びや商圏調査など開業に関わる多くのことを手伝ってもらいました」

武馬さんのお店・しろくまジャムは、地元のくだものを使ってジャム作りと販売を行い、地元

ジャムは静岡の「かわいいお土産」の定番に！カフェは静岡の情報発信の場に！を目指しています

Owner's particular one

店主のこだわり

ジャムで使用するくだものは基本は静岡産のもの。季節によってはとれないくだものもあるので、そのときは近隣の長野や山梨産のものを使います。店内で販売する紅茶やハーブティー、ピクルスなどもすべて静岡産に限定。お店をとおして生産者を盛り上げ、静岡の情報発信をしています。

の食材を使った料理を出すといった、地域性の高いビジネス。これが地域社会の利益を優先するという信用金庫の目的と合致していたのでした。

　武馬さんの本来の目的である、中山間地の情報発信の手段にジャム作りを選んだのは、青年海外協力隊として暮らしたカリブ海のセントビンセント島のホストファミリーがジャム作りが上手で、そこで教えてもらったから。みかんなどのくだものがよくとれる静岡にはうってつけです。

「カフェをつくれば、ジャムを売る場所が確保できるし、普通にお茶を楽しむ人たちが集まります。そんな人たちに、中山間地の状況や農作物の作り手のことなど静岡のいろいろなことを知ってもらい、興味を持ってもらえばと思っています」

店内のあちらこちらにしろくまが出現!

OPENまでの道のり

- **2000年4月**
  エコールキュリネール国立辻フランス料理専門カレッジを卒業後、フランス料理店に勤務。
- **2002年**
  大手外資系コーヒーチェーン店に勤務。
- **2005年**
  大手外資系コーヒーチェーン店を退社。その後、「世界青年の船」に乗ったり、旅行会社などで働く。
- **2008年9月**
  青年海外協力隊に参加し、カリブ海 セントビンセント及びグレナディーン諸島で村落開発普及員として活動。2010年まで。
- **2012年**
  JICA静岡県デスク 静岡県国際協力推進員として勤務。
- **2013年**
  ジャム作りをはじめる。
- **2014年**
  しずおか信用金庫主催の「しずしん創業スクール」に参加。
- **2015年2月**
  SOHOしずおかビジネスプランコンテストで奨励賞を受賞。
- **2015年5月**
  内装工事をはじめる。
- **2015年6月**
  オープン。

1 ギフトとして人気のある「シズオカBOX」はしろくまジャムと静岡で作られた紅茶やピクルスなどをセットにしたもの。**2** 静岡の地粉と旬のくだものを使った味わい深いマフィン。**3** 静岡の地粉を使ったスコーン。しろくまジャムを添えて。**4** 漆喰の壁、ダークブラウンの床やイスであたたかみのある空間に。

Layout & Interior
レイアウト＆インテリア

静岡産の木材など、すべて天然素材で仕上げたあたたかみのある空間

内装は全部天然素材のものを使いました。天竜材の絞り丸太の柱などの木材は静岡産をメインに。テーブルやイスは閉店するお店からもらったり、古道具屋で買ったり。ナチュラルであたたかみのある空間に仕上がっています。

丸い柱は地元の天竜材の絞り丸太を使用。表面に波状の模様があるのが特徴。

南アフリカにいる友達が開店祝いにくれた、現地伝統のビーズ・アートのしろくま。

窓にはかわいいしろくまが描かれていて、思わずほっこり。

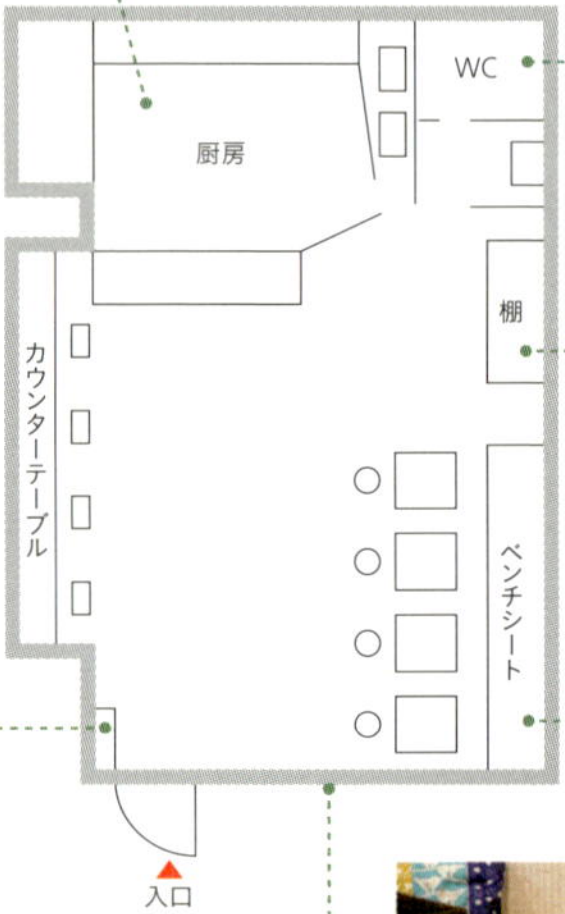

大工さんが調達してきてくれた、味のあるドアはトイレに。

ジャム、コーヒー豆、紅茶などの物販コーナー。

壁にくっつけたベンチの下は収納スペースに。

1日の流れ

- 7:30 起床。
- 9:30 お店に着く。仕込みをはじめる。
- 10:30 アルバイトのスタッフが入る。
- 11:00 オープン。ランチがスタート。
- 14:00 ランチが終了。
- 14:30 昼食をとり、買い出しに出掛ける。
- 16:00 アルバイトのスタッフがあがる。ジャムの下処理と翌日のランチの仕込みをする。
- 18:00 クローズ。ジャムの仕上げ作業をする。
- 20:00 お店で夕食をとる。
- 21:00 帰宅。
- 24:00 就寝。

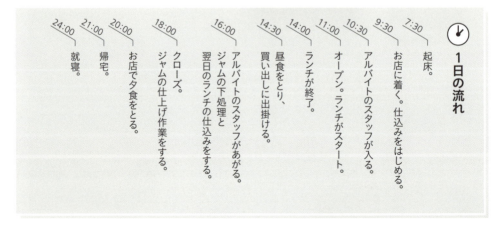

カフェをはじめる＆続けるための Q＆A

Q どうして「しろくまジャム」？

A 子どものときに大好きでよく読んでいたのが『しろくまちゃんのほっとけーき』という絵本。この絵本を見ながら、お母さんとよくホットケーキを作りました。今思うと、私にとって初めてのレシピ本です。ホットケーキのようなほっこりする料理を作っていこう、そして初心を忘れずにいようという思いでつけました。それと、静岡の人はしろくま好きなんですよ！

「うちにもある〜！」と手にして喜ぶ子どもも多い。

Q 宣伝はしていますか？

A 有料広告は今まで一切やったことがありません。SNSで積極的にお店の情報を流すようにしています。うちのお店のランチはワンプレートにしていますが、実はこれ、SNS対策でもあります。メインのおかず、サラダなどを別々の器にするより、ワンプレートのほうが写真を撮って絵になるので、SNSにあげてもらいやすいのです。

ワンプレートにはメインのおかず、デリ、サラダ、プチデザート。

Q 入賞したビジネスプランコンテストって？

A 静岡市が主に運営にあたり、静岡の産業の活性化、起業家精神の高揚と次世代の産業を担う人材発掘を目的とした、新規事業コンテストです。細かく明確な事業計画をたて、奨励賞をいただきました。賞金は1万円ですが、お金では代えられない高い「信用」がつきます。そのおかげで県の地域活性化事業助成金も交付していただくことができました。

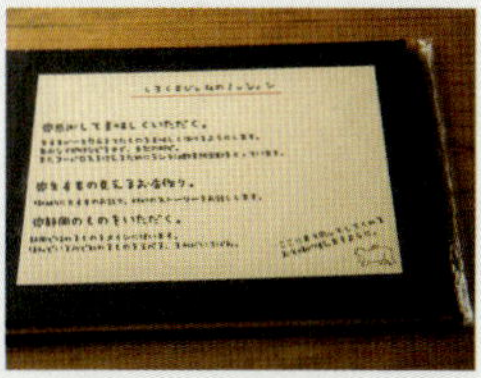
メニューブックに書いてあるこんな思いを事業計画に反映。

Q 営業はひとりで？

A 基本10時30分〜16時の時間帯だけ、アルバイトのスタッフを雇っています。知り合いは入れないようにしています。お互いに甘えがでそうだし、期待してダメな場合に落胆も大きく、その後の関係性にも影響しますから。スタッフがいるおかげで、月に2回ほど外で開催されるマルシェに出店しても、お店を休業にしないで済みます。

ランチタイムは客席が埋まることも多いので2人体制で。

地方ではじめたカフェ

05

富良野の味を伝える かわいいカフェ食堂

福岡県糸島市

cafe食堂 Nord

アンティーク雑貨に囲まれた
小さなログハウスで
北海道の味を糸島へ

店主
黒﨑朗宏さん
慶子さん

店主・黒﨑さんが考える カフェをはじめるのに大切な3つのこと

1 お店を開きたいエリアをしっかりと下調べする

例えば、同じ市内でも行政の決まりで住居と店舗が同一の建物を建てられない区域などもあります。希望の場所をしっかりリサーチし、周辺にどんなお店があるかも見ておくとよいと思います。

2 自分のやりたいお店のイメージを思い描く

私たちは、大好きなアンティーク雑貨に囲まれ、北海道の味を福岡でも伝えたいというイメージではじめました。手を抜かないでコツコツと頑張っていれば、見つけてくださる方がいるはずです。

3 思い入れのある得意料理で勝負する

開店当初、北海道らしくスープカレーを出していました。でも真に思い入れがあるのは修業先の「唯我独尊」で学んだ黒いカレー。その得意料理に切り替えたら好評で、結果的に定番メニューになりました。

DATA

cafe食堂 Nord
カフェショクドウ ノール

福岡県糸島市二丈深江
2575-6
☎092-325-2790
http://www.nord2013.jp

開業日	2013年7月
開業までの期間	約10カ月
開業するまでの投資額	約2400万円
土地取得・住居兼店舗建築工事費	約2000万円
内装、什器、設備費など	約350万円
運転資金	約50万円
店舗規模	12坪
席数	14席
1日の平均客数	15～20人
1日の売上目標	2万円

Nord（ノール）は、フランス語で「北」という意味。ご主人の出身地が北海道上富良野であることから「北国からの贈り物」というイメージで命名。イモやカボチャ、お米などは定期的に北海道から送ってもらっているそう。

大好きな古いものに囲まれながら夫婦で手作りした思い入れのある空間

1, 2, 3「機械いじりが趣味」という朗宏さん。慶子さんが集めたかわいい雑貨とともに、店内にはふたりのコレクションが数多く並ぶ。ほっこりとしたインテリアは女性客にも好評。

心地よく暮らしながら ふるさとの味を伝えたい

玄界灘を遠くに臨む丘を登った先にある小さな青いログハウス。ここに、北海道の味を九州に伝える、評判のカフェ食堂があります。お店を営む黒﨑朗宏さんは北海道出身。

「もともと、両親の営む上富良野の釣り堀&食堂で妻と一緒に働いていました。でも、雪深い地域で冬は閉ざされてしまい、なかなか厳しくて。子育てのことも考え、妻の実家のある福岡県に移住したんです」

最初は、飯塚市の宿泊施設の調理場に勤務しましたが、次第に自分のお店を開きたいという思いが強くなっていったそう。

「親戚の家が近いこともあり、糸島市に来る機会がよくあったんです。景色もいいし、食べ物もおいしい。心地よく暮らしながらお店をやりたかったので、糸島に絞って土地を探しました。駅や学校に近いことを条件にして近辺を歩いているとき、偶然見つ

OPENまでの道のり

- **1998年頃**
  北海道富良野の名店「唯我独尊」に朗宏さん、慶子さんが勤務し、のちに結婚する。
- **2000年頃**
  朗宏さんのご両親が営む釣り堀&食堂を、ふたりで手伝う。
- **2007年3月**
  慶子さんの地元である福岡県飯塚市に移住。
- **2012年秋**
  カフェを開くための土地を探しはじめ、糸島市で見つける。
- **2013年3月**
  住居兼店舗の工事が始まる。
- **2013年5月**
  引っ越しをし、住みながら開店準備を進める。
- **2013年7月**
  オープン。

1

Owner's particular one
店主のこだわり

“古いものが好き”という黒﨑さん夫妻。木のぬくもり溢れる店内には昭和期の電化製品やアンティーク雑貨などがセンス良く飾られています。料理は、糸島と北海道の食材を使って朗宏さんが手作り。修業先の唯我独尊のレシピをアレンジしたあんパンは、慶子さんの担当です。

7

6

5

4

4 看板メニュー「豚軟骨のカレーライス」はタマネギと小麦粉をじっくりと炒めて作る。5 プレートメニューはボリューム感満点。6 あんパンはバターのコクがアクセント。7 コーヒーはすっきりとした味わい。

けたのがこの場所だったのです。即決し、その後は自分たちのイメージに沿い、できるところを手作りしながらお店をつくっていきました」

プレートメニューやパン詰めグラタンなどのメニューの中で、人気は黒い見た目のスパイシーな「豚軟骨のカレーライス」。かつての修業先・富良野のカレーの名店「唯我独尊」のカレーをベースに朗宏さんがアレンジした自信作です。

「実は、はじめの頃は、北海道らしさを出すためスープカレーを作っていました。でもどうもしっくりこなくて。自分が本当に思い入れがあるのは、修業先で学んだこの黒いカレーだと考え、提供するようになりました。そしたらとても好評で。今では定番メニューになりました」

北海道の味を伝えたいという思いが、移住先の糸島に少しずつ伝わっている実感があるという黒﨑さん夫妻。

「これからもこの地で心穏やかに暮らしていきたいですね」

Layout & Interior

レイアウト＆インテリア

大好きなアンティーク雑貨と手作りアイテムがマッチ

お気に入りのアンティーク雑貨に合うよう、テーブルや椅子はアンティーク仕様に特注して購入。床張りやレジカウンター、手洗い台などはすべてDIYで。ログハウスの木のぬくもりとぴったりです。

整理整頓された清潔な調理場。エスプレッソマシンもある。

足踏みミシンをリメイクした手洗い台は朗宏さんによるもの。

窓辺の特等席。遠くに海が見え、やさしい光が入ってくる。

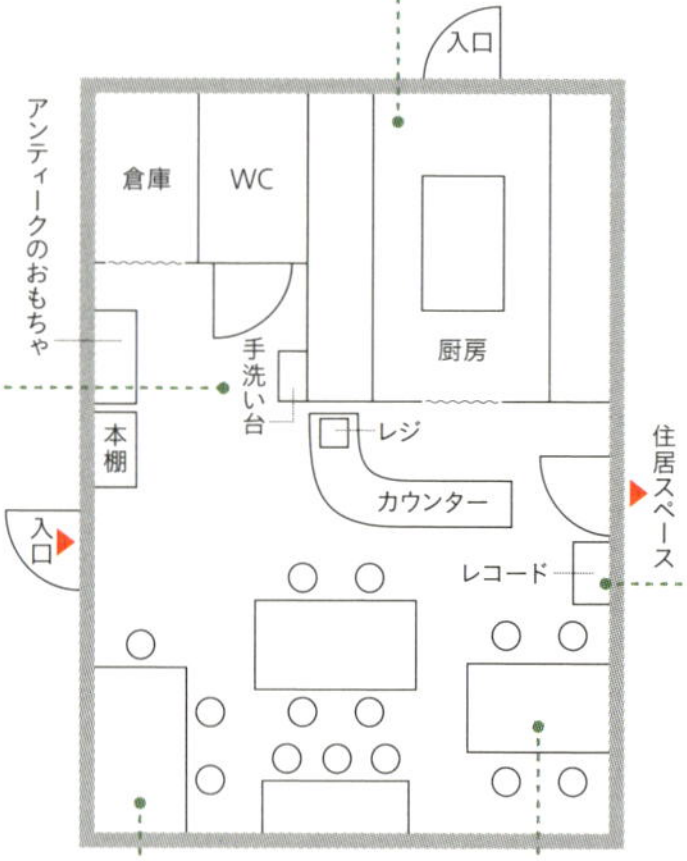

お気に入りのアンティークレコード盤ステレオは今でも現役。

福岡市西区の「レトロフクオカ」に特注したテーブルとイス。

1日の流れ

6:00 起床後、家族で朝食をとる。

7:00 4人の子どもたちを学校へ送り出す。

8:00 開店時間までの間に仕込みや店内の掃除をする。足りないものがあればこの時間で買い物に行く。

11:00 オープン。空いている時間に、裏で軽食をとったり、翌日の仕込みをしたりする。

18:00 クローズ。20時頃まであとかたづけをしたり、仕込みをしたりする。

20:00 家族で夕食をとる。その後、2時間ほど残った仕事をする。

24:00 就寝。

カフェをはじめる＆続けるための

Q＆A

Q 店舗の建物へのこだわりは？

A ネットで検索をして見つけた、縦型のログハウスキットで建ててもらいました。普通、ログハウスは丸太小屋のように横に組んでいくのですが、この建物は縦組みなんです。断熱材いらずであたたかいですし、どこでも釘を打てるのでDIY向きだと思っています。あとは自分たちで床材を張り、棚なども作り、内壁も外壁も塗ってコスト削減をしました。

DIYで取り付けた棚には、かわいい雑貨がいっぱい。

Q 宣伝はどのようにしていますか？

A 公式ホームページを作り、Facebookだけは毎日更新していますが、それだけです。今の時代、広告を出さずとも、SNSやグルメサイトで見つけてくださる方が多いように思います。幸い、糸島は九州内でも人気のドライブエリアですので、糸島に遊びに来るのを機にうちのお店を見つけて来てくださる方もいてうれしいですね。

朗宏さんがデザインを考え、特注した鉄製の看板。

Q 盛り付けのポイントは？

A 色合いやバランスは心掛けながらも試行錯誤の連続です。ランチプレートのサラダは、当初ワンプレートにそのままのせていましたが、パンにドレッシングがついてしまうので別盛りにしました。カレーライスの量も通常サイズだと多すぎるという方がいらしたのでミニサイズを作ったり。お客さんに合わせてマイナーチェンジしていくことも大切かなと思います。

手作りのカウンターで、慶子さんが最終の盛り付けチェック。

Q 移住して大変なことはありましたか？

A ありがたいことに、大変だったことはあまり思い浮かばないです。出身地の上富良野も移住先の糸島も、移住者が多い地域だからか受け入れる懐の広さが似ている気がします。だからよそ者扱いもされないですし、子どもたちも喜んで学校へ通っています。ご近所さんも気軽にお茶を飲みに来てくださったりして。これからも人とのつながりを大切にしたいです。

本棚コーナーには、地元糸島を特集した雑誌もある。

地方ではじめたカフェ

06

森の中に佇む隠れ家的カフェ

福岡県糸島市
caféテラス 木の風

田舎暮らしとともに
開いたカフェは
地元の人の憩いの場に

店主
井上哲司さん
篤子さん

店主・井上さんが考える カフェをはじめるのに大切な3つのこと

1 気になった場所があれば自分の足で動いてみる

土地探しの際、気になった場所はすぐに現場を見学していました。実際に行くと、急な斜面の土地だったり、アクセスの悪い場所だったり、イメージの違いに気づくことも。自分の理想も明確になっていきます。

2 予算の範囲内でできることを無理せずにやる

退職金やマンションを売ったお金、貯金を主に、融資を受けずに自己資金の範囲内ではじめました。それが結果的に、商売優先にならず、気取らないホッとできる雰囲気づくりができる要因になっていたと思います。

3 料理も内装も常にマンネリ化させず感動を伝える

いつお店に来ても新鮮さを感じていただくことが、また来ていただく秘訣だと思います。例えば、季節のお花を飾ったり、旬の野菜で日替わりメニューを提供したり。ささやかでも新たな感動を伝えたいです。

DATA

caféテラス 木の風
カフェテラス キノカゼ

福岡県糸島市二丈吉井
804-2
☎ 092-326-6603

森の高台にあり、遠くには玄界灘を臨めるロケーション。「周りに木々が多く、吹き抜ける風が心地よかった」ことから店名を「木の風」に。道路からデッキを渡って入る2階が店舗スペース、1階が住居スペースになっています。

開業日	2005年5月
開業までの期間	約1年半
開業するまでの投資額	約2190万円
土地取得費	約240万円
住居兼店舗建築工事費	約1700万円
什器、備品費など	約150万円
運転資金	約100万円
店舗規模	17坪
席数	30席
1日の平均客数	15～20人
1日の売上目標	なし

田舎暮らしの延長線上につくっていったカフェ

福岡県糸島市から佐賀県唐津市へ抜ける峠道を曲がり、さらに細道を上っていった森の中に「café テラス 木の風」はあります。

井上哲司さん、篤子さんご夫妻が福岡市内からこの地に移り住んだのは2004年。しかし、当初はカフェを開くつもりなどまったくなかったそうです。

「〝定年したら田舎暮らしをしたいね〟と夫婦でずっと話をしていて主人が50代になってから、理想に合う土地を探しはじめました。この場所は、森の中にありながら、遠くには海が見えて、絵画のような景色だったことが気に入ったんです。早期退職を決断し、退職金やそれまで住んでいたマンションを売ったお金をもとに住居を建てはじめました」

そんな折、建設現場を訪れたときにご近所の方とお会いし、以前、ふたりが喫茶店で働いていた話などをすると、「このあたりは田舎で何もないから、せっか

自然に囲まれたアットホームな空間は、まるで山の上の別荘。

4 玄関で靴を脱いで店に入るスタイル。きれいなお花がいつも飾られている。5 畳のテーブル席は特に、子ども連れの方に人気があるそう。6 ガラステーブルと黒のイスでシックな雰囲気も。窓から外に出るとテラス席があり、鳥のさえずりや、草木の季節の移ろいも感じることができる。

1 日替わりランチの一例「いかと彩り野菜のイタリアンソテー」。2 デザートメニューも人気。3 コーヒーは、糸島の焙煎工房「Tana Cafe」に特注で焙煎してもらった豆を使用。

く建てるなら、コーヒーでも飲めるようにしてみたら？ という助言をいただいて。それからは、大慌て（笑）」

急遽、大工さんと話して、予算の範囲内で、キッチンの床を金属板にしたり、業務用キッチンを入れたり、お店用のトイレを追加したりなど、自宅でありながらカフェ営業ができる仕様に変更したそうです。

最初は、田舎暮らしをしながらぼちぼち食べていければ……くらいの気持ちでオープンしたという井上さん。

しかし、評判は地元の方々を中心に口コミで広がり、今では10年以上続く、知る人ぞ知るカフェに成長しました。しかも約9割がリピーターの方といいます。

「〝このお店まで来た甲斐があった〟と少しでもお客さんに感動を伝えたいという想いでやっていたらここまで続いていました」

と笑う井上さん。定年後に移住した地は、カフェを中心に、人とのつながりを感じられるあたたかな空間になっています。

OPENまでの道のり

- **1980年頃**
  篤子さんのお母様が営む福岡市内の喫茶店を、篤子さん、哲司さんが手伝う。数年後閉店し、哲司さんは会社員に。
- **2000年頃**
  定年後の田舎暮らしに憧れ、土地を探しはじめる。
- **2004年3月**
  知人の紹介で土地を見つけ、契約。施工業者に発注。
- **2004年5月**
  哲司さんが早期退職する。
- **2005年2月**
  喫茶店を開いてほしいという声に応え、急遽、内装の見直しをする。以前のお母様のお店の備品なども活用する。
- **2005年5月**
  本格的に営業開始。

Owner's particular one

店主のこだわり

毎日、真新しさを感じてもらえるようにと、地元・糸島や唐津産の野菜をたっぷり使った日替わりランチが看板メニュー。作り置きは極力せず、篤子さんが毎日手作りしています。玄関で靴を脱いで上がる店内は、友達の家に招かれたような落ち着きのある空間です。

Layout & Interior

レイアウト＆インテリア

お客さんを大事にした ホッとくつろげる空間

「カウンター席は回転率が悪くても、お客さんとのコミュニケーションの場として大切」と井上さん。地域の方が作った雑貨を販売するコーナーもあり、カフェ全体がくつろげる交流スペースに。

1階の住居スペースに通じる階段。いつもはカーテンで目隠し。

コーヒー豆を挽いているアンティークのミル。

篤子さんのお母様が描いた絵が季節に合わせて飾ってある。

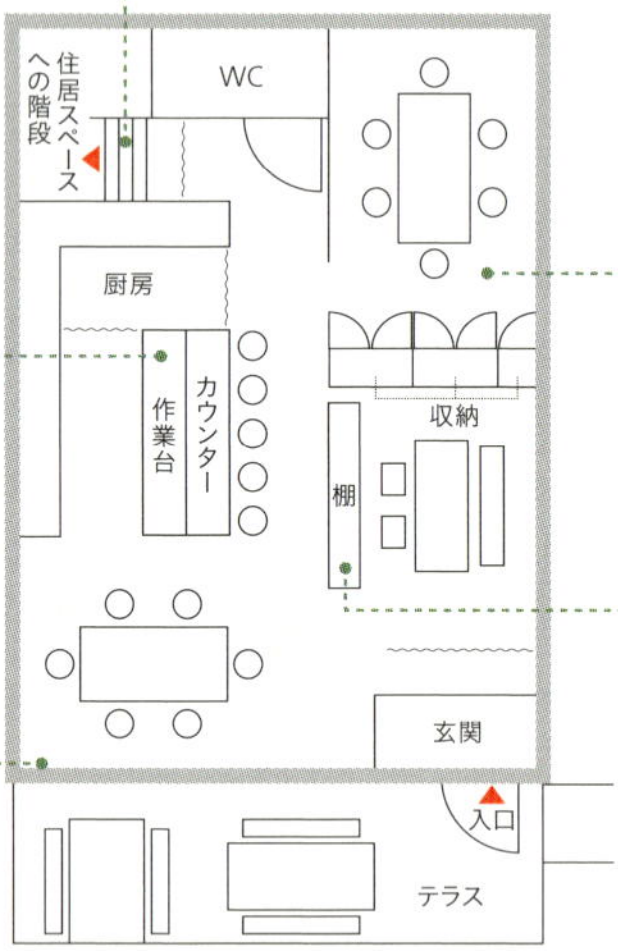

当初はリビングの予定だった個室。奥にはクローゼットが。

近所の方が作った雑貨を販売。「販売料はとっていません（笑）」

1日の流れ

- 6:00 篤子さん起床。軽食をとる。
- 7:00 篤子さんが食事メニューの仕込みをはじめる。
- 10:00 哲司さんとともに朝食兼昼食をとる。営業時間内は食事ができないので食事はこのタイミングで。
- 10:30 店内の掃除をし、開店の準備。
- 11:00 オープン。
- 16:00 お店が空いているときは、明日の分の仕込みをする。
- 19:00 クローズ。あとかたづけ。軽く夕食や晩酌など。
- 22:00 就寝。

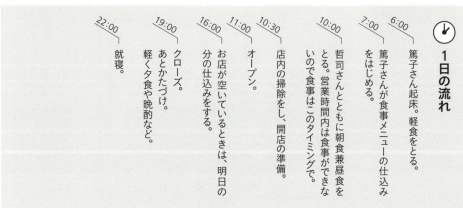

カフェをはじめる＆続けるための

Q＆A

Q 内装で節約するコツは？

A 自分たちでできるところは手作りすることです。たとえば、天井は、敷地内に生えていた竹を切ってきて、よしずとともに断熱材の下に取り付けました。室内の壁は、自分たちで塗りました。畳のテーブル席周辺は少し和風にしたかったので、間仕切りに和紙を貼り付けています。窓辺には、好きな生地で作ったカーテンを取り付けました。

天井の長さに合わせて竹を切り、脚立に上って取り付けた。

Q 店休日はどのように過ごしますか？

A 週2日の休みのうち1日は、夫婦一緒に、直売所やスーパーへ車で買い出しに行きます。もう1日は、庭の手入れをしたり、次の日のランチの仕込みをしたりします。また、新しくできたお店や気になるお店には、どんなに忙しくても休みの日に積極的に出掛け、いろんな情報や良いところを生かせるようにもしています。

調理で大活躍のガスオーブンは中古で安く手に入れた。

Q 接客で心掛けていることは？

A お客さんの顔を覚えることを大切にしています。顔を覚えておけば、お店に入って来られた際に「こんにちは」とか「お久しぶりです」とこちらから声を掛けることで話が広がることもありますし、場がなごみます。常連さんの話は聞き役に徹し、あまりプライベートな話題には踏み込まないように心掛けています。

常連の方のマイカップも置いてある戸棚。

Q 夫婦仲良く仕事をする秘訣は？

A 裏では喧嘩です（笑）。というのは冗談ですが、やはり役割分担が大切なのではないかと思います。主に、調理を妻、ホール全般のサービスやコーヒーは夫というふうに分けています。特に、うちは自宅用として考えていたキッチンなのでスペースが狭く、食洗器も置けない状態ですから食器洗いは手分けしてやっています。

お店を営業するのが生きがいになってきたという井上さん夫妻。

コーヒーの基礎知識 2

豆の保存、焙煎業者、カップとの相性

味と香りが生命線のコーヒー。それをキープするための豆の保存の仕方、
いい焙煎業者の選び方、そしてカップとの関係についてのお話です。

密封した状態で冷蔵庫か冷凍室で保存

コーヒー豆は、時間がたつにしたがって酸化し、風味が落ちてしまいます。新鮮なうちにお客さんに出すのがベストですが、お店として仕入れの量の問題もあるので、そうもいかないのが現実。しっかりした保存方法でおいしさをキープしなければいけません。そのためには、豆や粉は空気にふれないように密封した状態で小分けにして、冷蔵庫か冷凍室に入れておきましょう。

おいしくコーヒーを飲める期間の目安

	常温	冷蔵庫
豆の状態	約2週間	約45日
粉の状態	約1週間	約30日

提案やアドバイスを積極的に行ってくれる業者を選ぶ

コーヒーにこだわる人ほど自家焙煎のお店を、と思うかもしれませんが、焙煎機は200万円ほどと高価なうえに、煙が出るために周りの住人の了解も必要などで、実現するのは厳しいもの。焙煎した豆を仕入れるのが現実的です。焙煎業者を選ぶポイントは右の5つ。とにかく多くの業者に会い、そこのコーヒーを飲んでみること。自分がどんな味のコーヒーを求めているかを明確に伝えることも大切です。

焙煎業者選びのポイント

1. お店のコンセプトに合った豆を提供できるか
2. 抽出器具のことがきちんとわかっているか
3. 新鮮な豆を納入してくれるか
4. メニューを一緒に開発してくれるか
5. いろいろな提案やアドバイスをしてくれるか

カップの厚みがコーヒーの味に関係する

ほとんどのカフェでは、ブレンドコーヒーとカプチーノのカップが違いますね。これにはちゃんとした理由があるのです。カップの厚みによってコーヒーの温度の保たれ方が異なり、それにより味も変化してくるからです。カップは見かけの善し悪しばかりを気にするのではなく、コーヒーの味をも左右することを知ったうえでチョイスしましょう。

コーヒーの味とカップの厚みの関係

カップの厚み	コーヒーの味の伝わり方	合うコーヒーの種類
薄い	カップ内の温度が下がりやすいため、味の変化が早く、温かい方がおいしく感じる。	ストレート ブレンド アメリカン
厚い	カップ内の温度が保たれやすく、長時間たっても味の変化が少ない。	エスプレッソ カプチーノ

Chapter.3

カフェをはじめるためのステップ18

どんなコンセプトのお店にする？
お店を出す場所は？ 内装は？ メニューの構成は？
カフェをはじめるためには、具体的な準備がいっぱい。
開業までをカウントダウンしながら、
必要な準備を18のステップに分けて、わかりやすく紹介します。

カフェオープンまでの主な流れ

※あくまでも一例です。各項目に期間と順番を明記していますが、そのときの状況に応じて変化する場合もあります。

1年以上前〜

1 どんなカフェにするか店のコンセプトを決める

カフェをはじめたい理由を明確にしたり、「6W2H」を考えて、自分がやりたいカフェ像を具体的にイメージしていきます。

2 「こだわりどころ」を考えて店のスタイルを決める

自分の「好き」や「得意」なことを突き詰めていくと、そのポイントが見えるはず。

3 カフェの看板となる主力のメニューを考える

この時期に決めておけば、オープンまでに試作を繰り返すこともできます。

6カ月前〜

4 物件を探す❶ 自分のカフェのコンセプトに合う立地を選んで市場調査

まずは、どこにするかを決めるため、候補の街について調べます。

5 物件を探す❷ 最終決定までは慎重に。交渉や細かいチェックも必要

物件探しは焦らず、慌てないこと。多大なお金を要するだけに、何事も慎重に。

4カ月前〜

6 店舗工事の基本的な流れを把握しておく

店舗工事を依頼する前に、ざっとその流れを把握しておくこと。

3カ月前〜

7 内装工事にかかわる設備や備品を書き出してみる

今のうちにこの作業をやっておくと、工事業者との打ち合わせもスムーズに。

8 頭の中のイメージを絵や図面にして具体化する

設備や備品を落とし込んだ図面を描きます。

9 動きやすさを第一に。作業動線の良いレイアウトを

「作業動線の良いお店は繁盛する」と言い切ってもいいほど、レイアウトは重要なポイントです。

3カ月前〜

10

設計・施工会社は飲食店経験がある業者に

店舗工事をお願いする業者を探します。

11

見積もりは数社からとること。追加工事も念頭に

この業者に！と気持ちは固まっていたとしても、見積もりは数社からとりましょう。

1カ月前〜

12

すでにリストアップしている什器や備品を揃える

店舗工事を進めながら、並行して什器や備品の用意もします。

13

コーヒー豆や食材などの仕入れ業者を探す

知り合いや取引業者に紹介してもらったり、インターネットで探すなどして仕入れ先を決めます。

14

店名を決めて、看板やメニューブックなどを作る

店名を入れた看板やメニューブック、ショップカードを作らなければいけない時期。

15

開業に必要な資格取得と営業許可の申請をする

これを忘れたら、お店をオープンできません！必ず開業日に間に合うよう、余裕を持って申し込んでおきましょう。

16

店の広さ、メニューの内容からスタッフの人数を決める

ひとりでやる！と決めている人はいいですが、そうでない人はスタッフの募集をはじめます。

1週間前〜

17

万が一に備えて保険に加入するのを忘れない

店舗に関する保険にはさまざまなタイプがあるので、保険会社・内容をよく比較検討して。

18

シミュレーションを重ねて完璧な状態で開店に臨もう！

いよいよ開店までのカウントダウン！調理や接客のシミュレーションをして万全な準備を。

STEP 1

どんなカフェにするか 店のコンセプトを決める

自分がやりたいカフェを具体的にイメージしてみよう

あなたがカフェをはじめたいと思う本当の理由は何ですか？

この答えを明確にすることで、漠然とした考えが浮き彫りになってくるはずです。そしてそれが、お店のコンセプトにつながってくるのです。

コンセプト、テーマや方向性といってもいいですが、難しく考える必要はありません。まずは「女性がひとりでも気軽に入れるお店がいいな」「コーヒー豆を自家焙煎したい」「自慢のシフォンケーキを食べてもらいたい」というような、自分が「やってみたいカフェ」を思い浮かべることからスタートしてみましょう。あまりイメージがわかないという人は、左ページの「6W2H」の一つひとつに、自分の気持ちを当てはめてみてください。より具体的に自分がやりたいカフェ像が見えてくるはずです。そうすると、自分の意志も一層強くなり、夢実現へ向けてのエネルギーにもなるのです。

【先輩店主のコンセプトの決め方】

「BOWLS cafe」(p.20) 生田目恵美子さんの場合

1

一度就職するも、日々の激務と結果の見えない仕事に同期の友人と起業を相談。ふたりの好きなことは、料理、スイーツ、お酒、インテリア、雑貨、犬であることがわかり、全部網羅できるカフェをやろうと決意。

2

「お腹いっぱいごはんを食べられるような場所にしたい」というコンセプトから、店名も「BOWLS cafe」に決定。BOWLSは英語でどんぶりの意味。食事もどんぶりで出したらいいよねとメニューを開発します。

3

内装は「ダイニングのようなリビングのような、居心地のいい空間」が理想。雑誌などで理想に近い、気になる写真をチェック。コンセプトブックを作ってきちんと文章にし、ふたりで確認できるようにしました。

【コンセプトを決めるのに役立つ6W2H】

Who?
自分ひとりで？ 誰かと一緒に？

自分ひとりだけでやるか、それとも共同経営者としてのパートナーや手伝ってくれる人を持つかを考えます。複数の人とはじめる場合は、事前に役割分担をしっかりと決めておきます。

Where?
どんな街や場所で？

どの街のどんな場所でカフェをはじめたいのかを考えてみましょう。物件を探すときのポイントにもなります。

When?
いつから はじめたい？

「いつかは！」と思っていても、夢はなかなかかないません。いつからはじめるか、日にちを具体的にすると、開業プランも現実味を帯びてきます。

Why?
なぜ、カフェを はじめる？

なぜ、カフェをはじめたいのか。その理由をはっきりさせておきましょう。その気持ちを明確にし、強くしておけば、困難にぶつかったときでも乗り越えられるはずです。

Whom?
どんな人たちに 来てほしい？

「女性がひとりでも気軽に入ってほしい」「家族連れが楽しめるお店に」など、来てほしい客層を絞ります。すると、お店の雰囲気もおのずと決まってきます。

What?
何をメニューにする？

コーヒーにとことんこだわるお店もあれば、手作りスイーツが自慢のお店もあります。自分のお店では何を看板メニューにするかを考えます。次のStep2の「こだわりどころ」にもつながります。

How much?
開業資金は？

どんな場所で、どれくらいの規模ではじめるかによって随分異なりますが、やはり重要なのが開業資金です。自己資金だけでまかなうのが理想ですが、足りない場合は借り入れが必要。それをどう調達するかを現実的に考えることが大切です。

How to?
どんなふうに やっていく？

隠れ家的なこぢんまりとしたお店、アメリカンテイストのダイナーズカフェみたいに……など、お店をどんなふうにやりたいかを考えます。「What」とも関係し、やはり次のSTEP2にもつながります。

STEP 2

「こだわりどころ」を考えて店のスタイルを決める

自分の「好き」や「得意」なことからポイントが見えてくる

コンセプトを踏まえたうえで、魅力あるカフェにするには、お店の「こだわりどころ」を考えることが必要です。たくさんあるカフェのなかから、あなたのお店を選んでもらうには、ここが最も重要なポイントになります。

まずは、自分の好きなこと、得意なことを考えてみましょう。「とにかくコーヒーが好きで、おいしいと聞きつけたところから取り寄せている」「ケーキ作りが得意」「昔ながらの日本の建築物が好き」……。こうして自分自身のことを見つめ直していくと、「こだわりたいポイント」が見えてきませんか？ 雑貨や食器集めが好きなら、店内の一角で雑貨や食器の物販コーナーを設けてもいいし、実際にお客さんに提供する料理の器として使うことも。好きなことをお店の個性として生かすこともできるのです。

左ページの例をヒントに、自分らしい個性が光るお店づくりを考えましょう。

【「こだわりどころ」はどこにする？】

スイーツ？

コーヒーや紅茶のベストパートナーともいえるスイーツ。スイーツが人気だと女性客が多くなって繁盛するともいわれています。たくさんの種類を用意して、選べる楽しみをつくるのもひとつの方法です。今までにない新しいケーキを作れば、話題になって集客アップも見込めます。

ドリンク？

カフェといえば、真っ先に浮かぶのがコーヒー。お店のオリジナルブレンドを作ったり、自家焙煎したり。コーヒー器具にしてもネルドリップやサイフォンなど、こだわりどころはたくさん。お店のコンセプトに合わせて、紅茶や中国茶、日本茶などのドリンクに特化するスタイルも。

物件？ インテリア？

古民家や町家などの物件や、北欧や東南アジアなどのインテリアに凝った内装など、いわゆる見た目のスタイルにこだわりがあると、はじめてお店の前を通る人にも興味を持ってもらえるはず。こういう外側の形が決まるとメニューも自然と絞られてくるものです。

料理？

「所詮、カフェ飯……」なんて言わせない、本格的な料理を売りのメニューにします。ランチやディナーのメニューの数、質ともに充実させ、料理の味でお客さんを引きつけます。

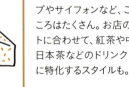

【明確な「こだわりどころ」が見えるカフェスタイルの例】

1 和テイストのカフェ

古い民家を改装するなどした落ち着いた空間

築何十年もの古い民家などの物件を再利用して、和の雰囲気にまとめたカフェ。自宅にいるような空間を演出し、ほっとする気持ちにさせます。

2 移動カフェ

ワンボックスカーでいろいろな場所へ出現

ワンボックスカーでイベント会場や公園などいろいろな場所へ出掛けて営業します。店舗を構えないので、家賃がかからない分リスクが少なくて済みます。

3 自家焙煎コーヒーのカフェ

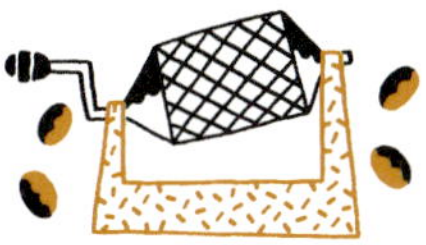

“おいしいコーヒー”にとことんこだわる

コーヒー豆を自分のお店で焙煎から行うカフェ。「ちょっとひと休み」より「本格的なおいしいコーヒーを飲みたい」というお客さんも集まります。

4 ドッグカフェ

愛犬と一緒に来店できる店。犬専用メニューも

犬の散歩の途中にカフェに入る人も集客できます。犬専用メニューの用意もしましょう。店に動物がいて触ったりできる「動物カフェ」もあります。

5 ベーカリーカフェ

コーヒーと好相性の焼きたてパンを一緒に

焼きたてのパンをイートインできるように、パン屋さんがカフェを併設したり、カフェ主体でパンを手作りして看板商品にするスタイルのお店です。

6 雑貨カフェ

店内の一角で、手作りや世界各国の雑貨を販売

お店のコンセプトに合った雑貨も販売するカフェ。店内で販売している食器をカフェで使用し、その使い心地をお客さんに試してもらい、購買につなげることも。

7 スポーツカフェ

同じ趣味の人が集まってわいわい楽しめる

大型スクリーンなどが用意されていて、みんなでスポーツ観戦ができるカフェ。同じ趣味の人が集まるのでわいわい楽しい雰囲気になり、店全体が盛り上がります。

8 ブックカフェ

オーナーの嗜好が反映される本揃え。飲食できる図書館

店内にたくさんの本を用意し、自由に読むことができるカフェ。どんな本を揃えるかでそのカフェの雰囲気も決まります。オーナーの嗜好が反映されます。

9 スイーツが自慢のカフェ

オリジナルの手作りスイーツで勝負

オリジナル性の高いスイーツがひとつあれば、それだけでカフェの“売り”になります。スイーツが評判になると、女性客も多くなります。

STEP 3

カフェの看板となる主力のメニューを考える

メニューを決めるとカフェの全体像が見えてくる

カフェをオープンするためには、やるべきことがたくさんあります。オープン間近になればなるほど、あれもこれも……と、どんどん忙しくなります。そうなる前に、じっくりと時間をかけて考えておきたいのが、カフェの看板となる主力のメニューです。今のうちから考えてメニューを決めていれば、オープンまでに納得がいくまで試作を重ねることもできます。

決めた自分のカフェのコンセプトに沿って、下記の4つをヒントにメニューを決めていきましょう。「ツバメおこわ」（26ページ）の平野さんのように「SNSで情報が拡散する時代なので、写真を撮りたくなるような見た目にも随分こだわってメニューを絞っていきました」という意見も。

メニューが決まれば、厨房に必要な設備や什器もおのずと決まってきます。また、食材や食器も想定できて、購入先や仕入れ業者の選定も可能になるのです。

【メニューを考えるために役立つ4つのヒント】

1 外食したものをメモしておく。良い点ばかりでなく、悪かった点も記録する。可能な限りデジカメなどで撮影をしておき、ビジュアルもわかるように

2 自分の好き嫌いにとらわれずに、気になったものは何でも食べてみる。そして作ってみて、改善点など探るようにする

3 インターネットや雑誌、デパ地下の食品売り場などで、流行の食材や料理をチェックする

4 料理は見た目もとても重要。食べ物の色彩について勉強する

看板メニューはこうして考えました

人のつながりと意外性から生まれた「チャーシューうどん」

看板メニューの「チャーシューうどん」は、夫の後輩にうどん屋の店主がいて、そこからヒントをもらってメニューに取り入れました。洋風カレーうどんやベトナム風うどんなどを経てチャーシューうどんにたどり着きました。お店のお客さんは年配者も多いので、つるっと食べられるうどんはとても好評です。味はあっさりめに仕上げてありますが、そこにガツンとしたチャーシューを入れているのがポイント。カフェでうどんにチャーシューと意外な組み合わせが良かったみたいです。

「くろもじ珈琲」(p.34) 砂森由美さん

水菜、長ネギ、レンコンの白と緑の彩りとチャーシューが食欲をそそる。

【メニューを決める手順】

1 コンセプトに沿って、どんなメニューをお客さんに出したいのかを考える

2 コストなども考えながら絞り込んでいく

3 周りの人に味見をしてもらい、お店に出せる「商品」か、検討する

4 自信のあるメニューを決め、レシピを完成させる

STEP 4

自分のカフェのコンセプトに合う立地を選んで市場調査

自分の足で歩いて街を知り尽くす

お店の立地は、お客さんを呼ぶための重要なポイント。自分の足で歩き、街を知り尽くすことからはじめましょう。

ここで一番大切なのが、どんな人たちが住んでいる&集まる場所なのかということ。客層を絞ったコンセプトの明確なお店ほど、重要視しなければなりません。

集客の期待できる場所が理想ですが、そういう場所は賃料も保証金も高額。個人で経営する場合、物件取得の莫大な初期投資は大きな負担になります。一等地や人気エリアにあまり縛られず、街の雰囲気がよければ候補地として、じっくり検討すること。賃料が安い少し不便な場所を選び「わざわざ探して来てくれるお客さんで十分」という考え方もあります。

左ページで立地に関する10項目のチェックポイントを挙げました。その立地をよく知るためのデータ的な目安として、比較検討するときの材料として役立ててください。

【立地によって特徴はさまざま】

住宅街

居住者がコアターゲット
主婦層の需要が高い

近隣住民の年代構成、ライフスタイルを考慮する必要があります。主婦層を狙って、ティータイムのメニューを充実させましょう。

商店街

人通りも多く
個人店としては最適

繁華街なら休日には通行量が増え、付加価値のあるお店を求められます。最近は衰退気味の商店街もあるので注意。

駅前

幅広い客層で集客力も高い
ただ、家賃も高額

無条件に人が集まる場所なので、立地条件としては最高です。その分、家賃も高くなります。

海・山のそば

足を運んでもらえる
味とサービスで勝負

シーズンによって売上幅が大きくなりがちです。オフシーズンでも来てもらえるような明確なコンセプトのある店づくりが必要。

郊外・街道沿い

車での来客が多いので
駐車場が必要

ファミリー層に向けて、食事メニューの充実が必要です。車で来店する人がほとんどなので、駐車場を確保しておきましょう。

オフィス街

ウィークデーの営業で
ランチを狙う

OLやビジネスマンがターゲットなので、平日のランチメニューを充実させます。土日の集客は見込めないので、定休日にしても。

【立地に関する10のチェックポイント】

1 近くに駅やバスターミナルがある？

急行・特急が停まる？ 乗り換え駅？ 通勤・通学の人が多い？ 平日と土・日の客層差も確認しておきましょう。

2 どんな人たちが歩いている？

学生？ 女性同士？ ファミリー？ 高齢者？ 主婦？ など、そのエリアを歩く人たちの層をチェックしましょう。

3 1日に歩く人はどれくらい？

昼間と夜間で人口格差の大きい街なのか。観光地なら季節差もチェックを。学生が多い街は長期休暇があるので要注意。

4 周辺にはどんな施設がある？

市役所、学校、病院、公園、スポーツ施設など、近くにある施設によって、立ち寄ってくれる客層も変わってきます。

5 近くの商店街はどんな様子？

高級商店街？ 下町の商店街？ どんな商店街かによっても客層は違ってきます。活発な活動をしている商店街がベター。

6 競合店が近くにある？

近くにある競合店や類似店の規模や雰囲気、売上傾向なども調べておきましょう。テイストが違えば協力しあって共存も可能。

7 どんなお店が繁盛している？

どんなお店が流行っているかで、その街周辺の人々の金銭感覚が読み取れます。そのお店の客単価も調べておきたいところ。

8 商店街の取り組みは？

最近は衰退気味の商店街も多くなっています。空き店舗対策として、助成事業を行っている商店街もあります。

9 近くに大規模マンションがある？

大規模マンションに住む家族・世代層が、コアターゲットになります。自分のカフェに合っていますか？

10 その地区は将来どう変わっていく？

再開発、大型店の出店予定、大規模マンションなどの住宅整備計画を最寄りの役所などで確認しておきましょう。

STEP 5

最終決定までは慎重に。交渉や細かいチェックも必要

焦らず、慌てない。契約前には最終チェックを

カフェの店主に話を聞くと、開業までの道のりの中で苦労したことに、物件探しを挙げる人が大勢いました。それだけ、自分が理想とする条件に合った物件を見つけるのは難しいことのようです。ただ、「ツバメおこわ」（26ページ）の平野さんのように、20日間で契約までこぎつけた人も……。

物件探しは焦らず、慌てないことが重要。先輩店主たちが苦労したことからわかるように、理想の物件に巡り合うには長い時間が必要です。また、ある程度の妥協も必要。前もって、絶対譲れない、これは仕方ない、というような条件を決めておくとよいでしょう。

物件取得には、多大なお金が必要です。保証金など、住宅として借りる場合には発生しない費用があることを覚えておきましょう。値段の交渉は必ずするべき。こんなはずではなかった、ということがないよう、契約の前には左ページの各項目のチェックも忘れずに。

【物件にかかる主なお金 ※地域によって異なります】

1	保証金	住居用物件にはない店舗や事務所物件独自の保証金は、担保金です。契約終了時に返金されるのが普通ですが、全額ということではなく、その条件はさまざま。
2	敷金	借り主への債務を担保するための一時金。契約終了時に、償却した分を除き返金される場合もあります。
3	礼金	家主へのお礼として支払うお金。契約終了後でも戻ってきませんが、値切りやすい費用のひとつでもあります。
4	権利金	物件（不動産屋）によって捉え方が異なる場合が多いので、きちんと確認しておきましょう。礼金と同じ意味合いの場合もあります。
5	仲介手数料	不動産屋に支払う報酬。賃料の1カ月分以内が基本です。
6	共益費	建物のメンテナンス料。商店街ならば、商店街会費が含まれる場合もあります。
7	更新料	契約更新時にかかる費用。通常、賃料の1カ月〜1.5カ月分。

【物件契約前のチェックポイント】

立地条件

1 駅からの距離は？
最寄り駅から物件までを実際に歩いてみて、時間を計りましょう。

2 通行人の層は自分のカフェとマッチしている？
歩いている人をもう一度よく観察しておきましょう。

3 住宅街？ オフィス街？ 周辺環境は大丈夫？
不動産屋や家主にとっても、その店が周囲に与える影響が気になります。

4 周りに目印になるものがある？
電話での道案内のときに役立ちます。

費用

1 敷金・礼金、保証金などは納得のいく金額？
ここが納得できないなら、別の物件を探しましょう。

2 家賃は毎月払っていける金額？
毎月必ずかかるお金なので、じっくり検討を。

3 契約時にどのくらいお金がかかる？
莫大な出費です。自分に無理のないように。

物件

1 そもそも飲食店OKの物件？
ガスの使用が禁止、軽食ぐらいならOKなどの条件付きの場合もあるので注意が必要です。

2 床面積・広さは希望どおり？
客席だけでなく、厨房も念頭において。

3 開業時間に制限はない？
近所迷惑になるので、深夜営業は禁止などの物件もあります。

4 電気・ガスなどの設備容量は足りている？
お店が15〜20坪の場合なら、電気100A、ガス20A、水道20Aは必要。

5 内装・外装工事に制限は？
外に看板やテントの設置が可能か、テラス席を設けてもいいかなどの確認も。

6 天井の高さは？
天井にダクトを通したり、床下に配管を通さなければいけないときは、それらを隠すために、天井が低くなったり、床を上げる場合も。そういうことも考慮して、天井は高いに越したことはありません。

7 排気の位置は？
近所の家に向いていれば、あとで苦情の原因にも。コーヒー豆の焙煎機を設置する場合は、家主だけでなく、近所の人にも承諾をとっておいたほうがいいでしょう。

8 引き渡しの条件・時期は？
なるべく空家賃が発生しないように交渉を。契約更新時と解約時の条件もしっかり確認しておきましょう。

Column

先輩店主たちの体験談
物件探し編

**希望どおりの物件を見つけることはなかなか大変なこと。
先輩店主たちの奮闘ぶりを紹介します。**

譲れない条件と妥協できる条件を あらかじめ決めておくといい

建物の老朽化で次の物件を探すことに。最初のお店で使っていたアンティークの大きな本棚は大のお気に入りで、どうしても必要でした。だからそれが搬入できる物件が第一条件。そのため物件がなかなか見つからず、ようやく見つかったのは駅から遠い場所でした。でも今となれば静かな環境でかえって良かったかも。物件を探すときは譲れない条件と妥協できる条件を決めておくといいと思います。

「torse」(p.12) 山口あゆみさん

どんなカタチでも不動産屋の 記憶に残ることでチャンスがやってくるかも

当時は女性ふたりでカフェをはじめたいと不動産屋に行っても、なかなか相手にしてもらえませんでした。理想に合う公園前の物件も全然見つからず、諦めてほかの物件の契約を検討していた矢先に、「公園前が空いた」と以前訪ねた不動産屋から連絡が！ 広さや家賃などを考えると少し戸惑いはあったけど、今の物件に決めました。もしかしたら女性ふたりというのが逆に不動産屋の記憶に残ったのかもしれません。

「BOWLS cafe」(p.20) 生田目恵美子さん

同じ業種の先輩に物件を一緒に見てもらって アドバイスをもらいました

開業したいのはビーンズショップ＆カフェ。豆の焙煎を行う焙煎機は必須アイテムでした。しかし、搬入口や店内の設置場所、屋外の排気口の問題など、わからないことだらけ。はじめてのことで戸惑う僕に、同業者の先輩が物件を一緒に見てくれ、いろいろなアドバイスをくれました。もし何か心配ごとがあったなら、同業者の先輩に相談してみるといいかもしれません。

「GLOBE COFFEE」(p.42) 増本敏史さん

STEP 6

店舗工事の基本的な流れを把握しておく

依頼の前に工事の流れを知っておこう

店舗物件が決まったら、次は内装・外装、そして設備などの工事です。工事を早く終えれば、オープンの日までに、じっくりと準備ができます。ただ、それがあまり早いと、営業もしていないのに家賃だけが発生してしまうので、その見極めをきちんとしなくてはいけません。左記の基本的な流れを頭の中に入れておき、工事をしてくれる会社と、綿密にスケジュール調整をしておきましょう。工事の内容によりますが、施工期間は35～40日が一般的です。

店舗工事は、施工だけを工務店に依頼する方法、電気や配線以外のすべてを自分でやる方法、設計段階からすべてをプロに任せる方法など、実にさまざま。自分の思いをちゃんと受け止めてくれるプロを探して、設計段階から相談するのが一番理想的です。

【店舗工事の主な流れ】

1 構想を練る

自分のカフェの特性をどう表現するか。コンセプトとなるキーワードをもとに考える。

2 平面図にまとめる

動きやすい動線を考えながら、設備や什器などのだいたいの位置を決め、基本的なレイアウトを平面図にまとめる。

3 設計図完成

1と2をもとに、4の会社に設計図を作成してもらう。この段階での設計図は無料にしてもらえるよう、交渉しよう。

4 施工の見積もりをとる

複数の施工会社に見積もりを出してもらう。価格だけでなく、施工方法なども比較検討を。

5 契約する

工事内容、金額、支払い時期などをよく確認する。支払いは施工前と後に分割して、などと会社によって異なるので、確認・相談を。

6 施工スタート

工事がスタートする前には、近所の人にあいさつを。進行チェックや使い勝手などに問題が出ないよう、現場にはまめに足を運ぼう。

7 引き渡し

工事終了後に不満な点が出てくることも多いので、その際の対応も事前に話し合っておこう。さらにこの後、インテリアづくりなどやることがたくさんあるため、オープンの前ギリギリになるのは避けよう。

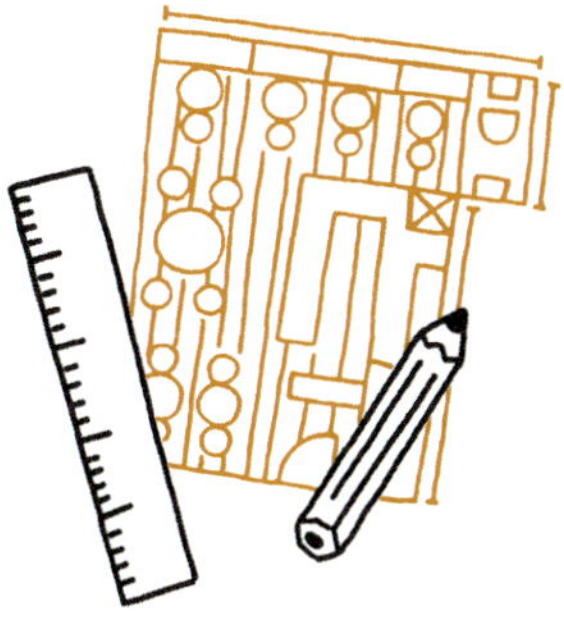

STEP 7

内装工事にかかわる設備や備品を書き出してみる

カフェに必要な主な設備と備品

厨房	シンク・浄水設備	シンクは2槽以上、保健所が提示している大きさの目安は、幅45×奥行き36×深さ18㎝以上。飲料用に、浄水口を別に設けること。
厨房	作業台	調理や盛り付けなどを行ったり、器具を置くスペースに。
厨房	ガスコンロ	目安として大きいのが2口、小さいのが1口。
厨房	コーヒーマシン・ドリッパー	どんなコーヒーを出したいかによって、抽出器具は異なる。
厨房	製氷機	席数とメニュー内容により、製氷機の大きさを決める。夏場のピークを考えて大きさを選ぶ。
厨房	冷凍冷蔵庫	メニューを踏まえて十分な大きさのものを選ぶ。
厨房	食器棚・器具保管庫	食器や調理器具の保管設備には、衛生のため扉の設置が義務づけられている。
厨房	オーブン	メニューの内容によっては必要。コンパクトでもいいので、業務用がおすすめ。
厨房	電子レンジ	簡単に温めや解凍ができるので、あったほうが便利。家庭用でOK。
客席	テーブル	お店のコンセプトにもよるが、一般的には2〜3人の利用者が最も多いので、2人用のテーブルを多くする。
客席	イス・ソファ	テーブルの高さに合ったものを用意。
客席	カウンター	1人客を見込むのであれば、あったほうがベター。
客席	ショーケース・陳列棚	ケーキや焼き菓子などを販売するなら必要。
会計・問い合わせ	レジスター	レシートを保管するためにも、ロールが2つあるタイプがおすすめ。タブレットでの管理も可能。
会計・問い合わせ	電話・FAX	お客さまからの問い合わせや仕入れ先との連絡に。
会計・問い合わせ	パソコン	売上や食材の在庫管理などを、パソコンに入力しておくと便利。仕入れ先によってはパソコンでの発注も。

設備や備品のリストアップでレイアウトが見えてくる

内装工事を依頼する前にやっておきたいのが設備や備品のリストアップ。どこに何が必要かがわかれば、店内のレイアウトが自然と見えてくるからです。

たとえば、お店で出すコーヒーをドリップ式にするか、マシンを使って出すエスプレッソにするかで、厨房に必要な什器が異なってきます。大きなエスプレッソマシンを入れるのであれば、その分のスペースを厨房に設けなくてはいけません。

今のうちに、この作業をやっておくと、施行業者との打ち合わせもスムーズになります。

【設備&備品リストを作っておこう】

必要な設備&備品をリストにして書き出してみましょう。
何が、どれくらいの大きさで、いくつ必要かなど一目瞭然。
あとで実際に購入するときにも役立ちます。

品名	仕様・サイズ	数量	金額	発注先	チェック		備考
					発注	納品	

STEP

8

頭の中のイメージを絵や図面にして具体化する

イメージを伝えるためのビジュアルを用意する

お店の中に必要な設備や備品がわかったら、それらを落とし込んだ図面を描いてみましょう。

図面というと大げさですが、要はどんな雰囲気のお店にしたいかをビジュアルにするのです。人に雰囲気を言葉で伝えるのはとても難しいことですが、下で紹介しているように、雑誌の切り抜きや写真などを利用して作った「インテリアイメージマップ」を見せれば、一目瞭然です。

レイアウトは、厨房と客席の広さのバランスをよく考えましょう。どうしても客席を広くとりたくなりますが、厨房を狭くしてしまうと、サービスの質が落ちることにつながってしまうのです。

また、動きやすく、使い勝手のいい作業動線が確保できるかを考えることもとても重要です。作業動線が悪いとサービスの低下ばかりでなく、働く人たちのストレスにもなり、雇用問題に発展してしまう可能性も。

【イメージを具体化する方法】

1

雑誌や本などを見て、イマジネーションを豊かに

どんな内装にしたいのかよくわからないという人は、まず、雑誌や本を見てみましょう。カフェに限らず、雑貨店やレストランなど、自分の気に入ったお店を見つけて、その写真を切り抜いておきます。壁はこのお店、玄関はあそこのお店、床は……と、内装のパーツ別に違うお店でもOK。

2

実際にお店を見て歩く

ステップ1の雑誌で見つけて気に入ったお店へ直接行ってみるのもいいし、通りがかりのお店で、素敵と思ったところに入ってみるのもおすすめです。百聞は一見にしかずで、実際のものを見ると、またイメージが違ったり、より自分のイメージが具体化してくるはずです。お店の人に許可をもらえれば、写真も撮っておきましょう。

3

インテリアイメージマップを作る

自分で簡単な設計図（間取り図でもOK）を描きます。その描いたものの壁、床、ドア、窓などの部分に、[1]と[2]で集めた切り抜きや写真を貼れば、インテリアイメージマップのできあがり。

STEP 9

動きやすさを第一に。作業動線の良いレイアウトを

作業動線が良いとお店も繁盛する!?

厨房の広さはお店全体の30％が目安です。ただ、メニューの内容によって多少異なります。ドリンク中心のお店ならば店舗面積の1／5〜1／10、食事メニューが多いなら店舗面積の1／3〜1／5くらいと考えておきましょう。

厨房では、調理台、シンク、冷蔵庫、コンロ、盛り付け台の位置関係が重要です。「料理を作って出す」と「食器をさげてかたづける」の作業に無駄な動きがでないよう、手順をよく考えてレイアウトします。また、厨房機器類は、腰を曲げずに作業できる高さにすることも大切です。

客席は、稼働率を高めるために2人席を基本に。詰め込めすぎず、かつ空間を空けすぎない、テーブルとテーブルの間は35〜50cmがベストです。

作業動線の良いお店は繁盛する、と言い切ってもいいほど、レイアウトは重要なポイントになるのです。

【使いやすいレイアウトの考え方】

1. 冷蔵庫から食品を出す→洗って調理台で切る→コンロにかける→盛り付ける、など一連の作業を考えたレイアウトに。
2. 厨房と客席の広さのバランスを考える。
3. 厨房の動線は短いほど使いやすい。
4. 客席は稼働率を高めるために2人席を基本に。1人客も狙うならカウンターを設ける。
5. スタッフのサービス動線は短く。客席は、お客さんだけでなく、スタッフが給仕する動線も考えて。
6. メニューや水用のポットなど、最初にお客さんに出すアイテムを揃えて置いておく「スタート台」を設けると、動きがスムーズになりやすい。
7. 厨房機器は、からだに負担がかからない高さに調整する。
8. 厨房の近くに事務処理ができるスペースがあると便利。

STEP 10

設計・施工会社は飲食店経験がある業者に

見本とするカフェのオーナーに紹介してもらう手も

工事を依頼する準備が整ったら、店舗デザイナーや設計士、内装・外装をお願いする施工会社を探します。でも、これが意外に大変。専門雑誌やインターネットなどで探すのも手ですが、「こんなお店にしたい！」という見本になるカフェを見つけたら、そのオーナーに問い合わせて、デザイナーや施工会社を紹介してもらえないか交渉してみるのも一案です。

設計図を描いてくれるのが設計士、または店舗デザイナー。そして、現場で実際に店舗をつくってくれるのが施工会社です。いずれかが見つかれば、片方の専門家を紹介してもらうことも可能です。

ここで注意しておきたいのが、いずれも飲食店を設計・施工した経験があるかどうかを確認しておくこと。経験があると、左ページのような飲食店営業許可取得に必要な施設・設備のことも熟知していて、知恵や情報も豊富なはずですから。

【設計・施工会社の探し方】

● 見本となるカフェのオーナーに、直接聞いてみる
● カフェスクールに紹介してもらう
● インターネットで探す
● 専門誌などの本や雑誌で探す
● とにかく口コミ！知り合いに声を掛けて紹介してもらう

正式に依頼する前に、必ず今までに設計・施工した店舗を見せてもらうこと！写真でもOKですが、実際に店舗に行き、自分の目で確かめるのがベスト

【飲食店営業許可取得に必要な主な施設・設備】

飲食店を営業するには、施設や設備が一定基準を満たしていないと、保健所の許可がおりません。工事をはじめる前に、必ず所轄の保健所に図面を持って相談に行きましょう。

東京都の場合

- **客席と調理場の区分け**
  調理場が仕切られていること。
  具体的には調理場の入口にドアがあること（ウエスタン式でもOK）。

- **客席**
  客席には換気設備を設ける。客席の明るさは10ルクス以上に（調理場は50ルクス以上に）。

- **調理場の床・壁・天井**
  調理場の床には、排水のためこう配をつける。床と壁が交わる隅は、丸みをつける。
  天井は配管、ダクト、照明器具などが露出しないこと。

- **洗浄設備**
  シンク（流し）が2槽以上あること。
  1槽の大きさ（内径）の目安は幅45cm×奥行き36cm×深さ18cm以上。
  食器洗浄機は1槽にカウントされる。

- **冷蔵設備**
  食品を保存するために、十分な大きさを有する冷蔵設備を設けること。

- **給湯設備**
  洗浄及び消毒のための給湯設備を設けること。

- **ばい煙などの排気の出し方**
  ダクトによって屋外に排気する場合、近隣に迷惑がかからないよう、その高さと方向に注意する。

  フードを設置する場合は、天井とのすき間がないように直接つけ、寸法は法規を守ること。

- **従業員専用の手洗い設備**
  調理場に手洗い器（幅36cm×奥行き28cm以上）があり、手指の固定式消毒装置をつける。

- **ネズミなどの防除**
  網戸、自動ドアなどで防止する。排水溝には、鉄格子や金網などをつける。

- **保管設備**
  食器戸棚や器具保管庫などには必ず戸をつける。

- **計器類**
  冷蔵庫内と調理場内には温度計を設置すること。

- **汚物処理設備**
  汚れた液やにおいがもれないよう、ふた付きのゴミ箱を用意する。

STEP 11

見積もりは数社からとること。追加工事も念頭に

見積書の例 ※15坪の物件の場合

御見積書

●店舗内

解体工事（ラーメン屋を解体し撤去）	450,000円
土工事、コンクリート工事（床の下地工事）	250,000円
壁工事（壁および下地工事）	300,000円
天井工事	250,000円
店舗内木工事（窓やカウンター周辺の工事）	850,000円
木製建具工事（店舗入口、ドアの建具など）	400,000円
家具工事（レジ台や棚）	350,000円
内装工事（床、壁の仕上げ）	500,000円
厨房内工事	400,000円
電灯・コンセント工事	400,000円
換気設備工事（排気ファン、排気扇等）	400,000円
照明器具設置工事	150,000円
照明器具	200,000円
その他（サイン工事他）	300,000円

●外部

ファサード工事（玄関正面、壁など）＆木工事	850,000円
給排水設備工事	600,000円
衛生器具工事	200,000円
ガス設備工事	200,000円

合　計	**¥7,050,000**

協力：コムスペース（株） 中川 恵介　http://www.comspace.biz

金額も重要だが、工事の詳細や対応の仕方をチェック

店舗工事費には内装工事費、設備工事費、厨房工事費などが含まれてきます。空調設備がついていれば、その分費用は安くなります。電気容量が少なければ、増やすための工事が必要になるため、別途費用が加算されます。

見積もりは数社から出してもらうこと。相場が把握でき、工事内容の比較もできます。ただし、金額が安いからいいというわけでもないので注意が必要です。詳細をきちんと確認し、ちょっとでも疑問や不安があったら質問してクリアにしておくことが大切です。その対応の善しあしも含めて、最終的に決定するのがいいでしょう。また、工事終了後に追加工事が必要になることもしばしば。その分の予算もあらかじめ算出しておくと安心です。

Column

内装工事を安くおさえるために居抜きやセルフビルドの活用も

開業資金を節約するためには、「居抜き物件」にしたり、自分で内装工事をしてしまう「セルフビルド」といった方法もあります。

居抜き物件

同じ業種なら多くの設備をそのまま利用できる可能性も。ただし、注意が必要

以前の店舗の空調や給排水設備などをそのまま再利用できる「居抜き物件」。同じ業種のお店なら、厨房設備などをほとんどそのまま使える場合も。「おむすびcafe＆dining micro-cafe」(p.62)はそのいい例です。店主の古川さんが選んだのは、もとはイタリアンカフェだった居抜き物件。厨房設備をはじめ、客席のソファやテーブルまでそのまま使用することができたため、初期投資はかなりおさえられたそうです。「ただ同じ飲食店といっても、以前が中華料理店だったら、厨房設備はかなり違います。新しく取り替えなければいけないと、工事費が高くついてしまう場合もあるので注意が必要です」とカフェズ・キッチンの富田佐奈栄先生はアドバイスします。

セルフビルド

業者に依頼しつつ、一部を自分たちでやるのがベスト

「資金が足りない」または「自分のセンスを生かした、どこにもない空間を演出したい」といった場合、自分で店舗をつくるという手段も。ただし、いくらセンスがあるとはいえ、所詮素人。一歩間違うと安っぽい雰囲気に……。

どうしても自分で！と考えるなら、カウンターなどの造作や壁塗りなど、素人っぽさが「味わい」の演出になる部分だけを、自分で行うのがいいでしょう。すべてを自分で行うのはかなりの冒険。工事の人にまじって、自分たちが手伝えるところだけにするのが得策です。それだけでも人件費が削減でき、コストの節約につながるはず。自分でやれば、素人が工事を行うわけですから、業者に依頼した場合よりも工事期間が長くなりがち。その間も家賃が発生することを忘れずに。安くおさえるためにやったことが逆効果になる場合も。

Column

カフェの裏側、厨房を見せてもらいました

カフェの店主やスタッフたちの働きぶりと一緒に、
普段はなかなか見ることができないカフェの厨房を見せてもらいました。

torse (p.12)

ふたりが背中合わせに立って作業をしてもぶつからないくらいスペースに余裕があるため、作業もしやすい。

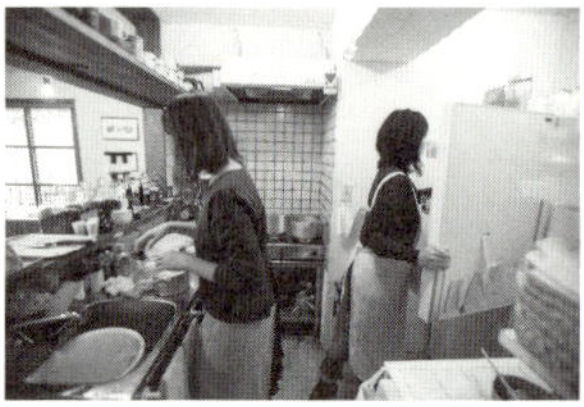

くろもじ珈琲 (p.34)

作業台からふりむいてすぐのところに冷蔵庫がある。材料を出す→切るという無駄のない動線で作業ができる。

おむすびcafe & dining micro-cafe (p.62)

料理主体のカフェで、土・日曜日はおよそ150人ものお客さんが来店するため、かなり広いスペース。

cafe食堂 Nord (p.100)

S字フックを多用した「引っ掛け収納」。料理メニューが多いのでフライパンはサイズ違いをいくつも用意。

BOWLS cafe (p.20)

壁面に棚をたくさん設置して、収納場所を確保。スパイス類は調理中にさっと取れるようにガス台の近くの棚に。

DOux CAFE (p.80)

シンクと作業台から離れて独立したガス台。当初は使いにくくて苦労したが、使っていくうちに慣れたそう。

STEP 12

すでにリストアップしている什器や備品を揃える

安く済ませるには中古品も。ただし、よく注意して

店舗工事を進めながら並行して行うのが什器や設備の用意。すでにリストアップはできているはずなので、その表をチェックしながら購入の準備をはじめます。

調理道具などは、東京なら合羽橋道具街、関西方面なら千日前道具屋筋商店街などを利用するといいでしょう。実際に見て手に持って、その使い勝手を体感するのが一番ですが、この時期は開店準備で忙しいので、時間節約のためにはインターネットで探す方法も。また、総合厨房機器メーカーのカタログを取り寄せて注文する方法もあります。

テーブルやイス、大型の厨房機器などは安く済ませるため、店舗専用の中古品を扱うお店を利用する方法もあります。その場合に気をつけたいのが電化製品です。保証の有無や期間、購入後に万が一故障しても対応してもらえるかなどをしっかり確認しておく必要があります。

【什器や備品の調達方法】

調理器具などは道具街で揃える

実際に見て触って試せるので、使い勝手のいいものを選ぶことができます。専門店ならではの品揃えで、一般のお店よりも多少安く購入できます。玄関はあそこのお店、床はあの店と、内装のパーツ別に違うお店でもOK。

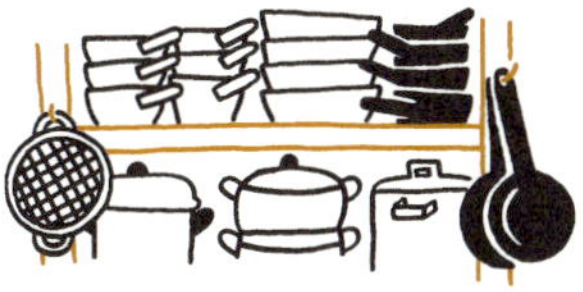

厨房機器などを扱うリサイクルショップを利用する

調理台やシンクなど、性能にあまり差がないものに向きます。購入後のメンテナンスや保証の有無を要確認。

大型の設備はリース契約する

新品を安く使用したいならリースという方法も。ただ、個人経営のお店との契約が難しいところも多い。

カタログやインターネットを利用する

たくさんの中から比較検討することができます。現物が届いてからイメージが違った……とならないよう、購入前にはしっかりチェックを。機能や性能を確かめなくても困らない、すでにわかっているものの購入に向きます。

STEP 13

コーヒー豆や食材などの仕入れ業者を探す

生鮮食品は地元で。食の見本市にも出掛けよう

お店のコンセプトに合った料理を提供するためには、仕入れこそが肝心カナメ。仕入れルートの開拓も重要な仕事ですが、一番良いのは地元で買うこと。近くに商店街があれば、そこで野菜や肉、魚などを揃えることをおすすめします。自分の目で確かめることができるし、地域の人とつながる良い機会にもなります。何より野菜などは新鮮なものを買うことができます。ただ、これは少量仕入れに向いています。規模の大きいお店で、食材が大量に必要な場合は、大手業者に割安の価格で卸してもらいましょう。

コーヒー豆や茶葉などは専門の仕入れ業者にお願いしましょう。左ページで紹介しているような方法で、自分が納得する味のものを見つけることです。

新しい食材や業者などを探す場合は、フードショーやカフェ・喫茶ショーなどの見本市に足を運びましょう。

【 仕入れ先の探し方 】

厨房機器メーカーや
取引業者に紹介してもらう

カフェオーナーなどの知り合いや
カフェスクールに紹介してもらう

インターネットで探す

フードショー、カフェ・喫茶ショー、
ファベックスなどの見本市で探す

コーヒー豆の主な仕入れ法

- **コーヒーメーカーを利用する**
  マシンなどを貸し出してくれるというメリットがあります。

  導入の際、コーヒーの淹れ方を指導してくれるメーカーもあります。

- **自分の好みのカフェに業者を紹介してもらう**
  産地やメーカー、ローストの仕方、抽出器具の違いによって、コーヒーの味はまったく異なります。

  好みのコーヒーを出しているカフェに、仕入れ先を教えてもらえるか聞いてみましょう。

- **自家焙煎のお店にオリジナルを依頼する**
  ブレンドや焙煎具合を調整してくれるので、
  自分のお店だけのオリジナルを作ってもらうことができます。

- **インターネットで探す**
  検索すると、コーヒー豆を購入できるサイトが多いのがわかります。
  全国から探せるという利点がありますが、
  送料や納入ロットの確認も忘れずに。

食材の主な仕入れ先

- **産地**
  産地の農家へ直接出向いて買う方法。

  作っている人・現場を見れば、その食材に対して安心感も生まれます。

  生産者との直接のやりとりは信頼関係が大切。

  「ここ！」というところを見つけたら、お店やその食材についての熱意をしっかりと伝えます。

  口コミやインターネットなどでこまめに探してみましょう。

- **卸売市場・大手業者**
  安く大量に仕入れるものに向いています。逆に少量の仕入れができないことが多いのが難点。

  実績がないと、取引ができない場合も。

  飲食店のオーナーや厨房機器メーカーの人などに紹介してもらいましょう。

- **専門店**
  少量でも取引が可能。品揃えが豊富で選択肢が広がります。

  ただ、卸値ではなく、小売値で購入しなければいけません。

- **近所のスーパーなど**
  自分の目で確かめて、鮮度のいいものをその場ですぐに、
  自分の必要な分だけ買うことができます。
  逆に大量に必要な場合は、ストックがなくて買えないことも。
  小売値で購入するのでコストは高くなります。

STEP

14

店名を決めて、看板やメニューブックなどを作る

お店とお客さんをつなぐツール。こだわりを表現

自分のお店もいよいよオープン間近！ところで、肝心なカフェの名前は決めましたか？

そろそろ、店名を入れた看板やメニューブック、ショップカードを作らなければいけない時期です。その「顔」となる店名が決まっていないと何も進まないので、このへんで確定しておきましょう。

「お店をやるならこの名前！」とずっと前から決めている人は、その名前に思い入れがあるのですから、それを採用するのが一番です。悩んでいる人は、お店のコンセプトや特徴、売りなどを表し、それを見ただけでどんなお店かわかるかをポイントに考えてみましょう。ただし、言葉そのものの意味や語感なども大切です。

看板やメニューブック、ショップカードはわかりやすさが一番大切です。あとは、自分のセンスとこだわりを表現して、お店をアピールし、お客さんの記憶に残るものを作りましょう。

【先輩店主たちの店名の由来】

BOWLS cafe ボウルズ カフェ (p.20)	「BOWLS」はどんぶりを意味する言葉。お腹いっぱい食べてほしいから、食事はどんぶりで出すことにしたのが由来。
GLOBE COFFEE グローブ コーヒー (p.42)	演劇文化を発信し続けたロンドンのグローブ座のように、コーヒーを中心とした文化を発信したい、と夢と希望を込めて店名に。
mamma cafe 151A マンマカフェ イチゴイチエ (p.48)	「mamma」は生産者の思いのこもった新鮮な素材をそのまま生かし、子どもたちの健康を第一と考えるお母さん（イタリア語でマンマ）の作る、心を込めた温かい食事を提供したいという願いからとった名前。「151A」はオーナー夫婦の好きな一期一会という言葉を遊び心で変換した。
くろもじ珈琲 クロモジコーヒー (p.34)	「くろもじ」は和菓子に使う高級爪楊枝の素材となるクスノキ科の樹木の名前。店主・砂森由美さんの夫で庭師の聡さんが、派手さはなく地道に成長するその樹木になぞらえて命名した。
cafe・hakuta カフェ・ハクタ (p.56)	「hakuta」は店主・白田真弓さんの名字。いつも読み方を珍しがられてきたので、店名につけても“いかにも名字”な感じがしなくていいだろうと考えた。

【お店のサインになる看板、立て看板、メニュー看板】

ツバメおこわ (p.26)

BOWLS cafe (p.20)

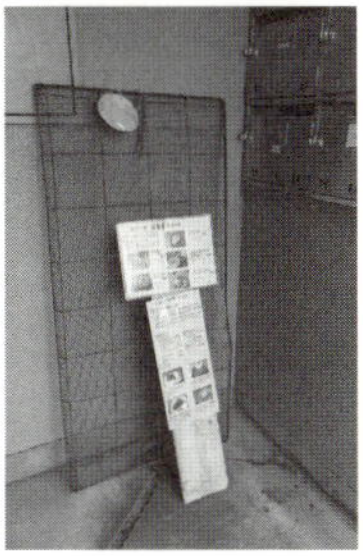

くろもじ珈琲 (p.34)

mamma cafe 151A (p.48)

GLOBE COFFEE (p.42)

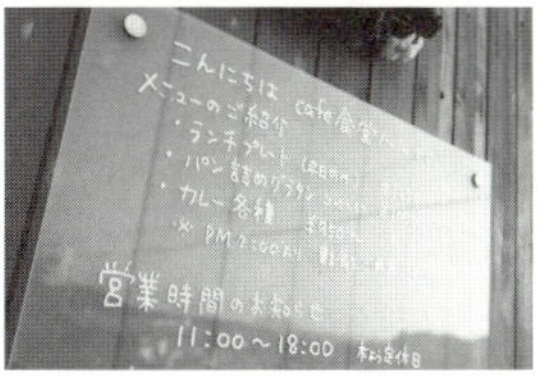

cafe食堂 Nord (p.100)

しろくまジャム (p.94)

ヤマとカワ珈琲店 (p.86)

STEP

15

開業に必要な資格取得と営業許可の申請をする

食品を取り扱う責任者の資格が必要

とにかく、お店を予定の日にきっちりとオープンすることに忙殺され、ついつい忘れてしまいそうになるのが、資格取得と営業許可。これがないと、いくらお店が準備万全でも、オープンができなくなってしまいます。この時期までに忘れずに行っておきましょう。

食品を扱うカフェの営業には、飲食店の営業許可が必要。これは最寄りの保健所に申請します。そのためには、食品を取り扱う責任者の資格が必要になります。１店舗に１人、食品衛生責任者、調理師、製菓衛生師、栄養士のいずれかの資格取得者がいればよいのです。

この中で容易に取得できるのが食品衛生責任者。都道府県などの自治体や保健所などが開催する講習を１日受講すればＯＫです。ほぼ毎月開催されてはいますが、受講者が多い講習のため、直前に申し込むと定員オーバーで受講できないことも。余裕をもって早めに申し込んでおきましょう。

【カフェ開業に必要な資格】

下記のいずれかの取得が必要です。

食品衛生責任者	従業員の衛生教育、施設の管理、食品取り扱い設備の管理などが役割。 17歳以上で、1日6時間（東京都の場合）の講習を受講すれば取得できます。 栄養士、調理師、製菓衛生師、食鳥処理衛生管理者、船舶料理士、 食品衛生管理者、食品衛生監視員の有資格者は受講なしで、 食品衛生責任者になれます。
調理師	受験資格は中学校を卒業した者と同等以上の学力を有する者で、 飲食店などで2年以上調理業務に従事した者。 または、調理師養成施設を卒業した者。
製菓衛生師	受験資格は2年以上菓子製造業に従事した者。 または製菓衛生師養成施設を卒業した者。
栄養士	大学、専門学校などの厚生労働大臣が指定する栄養士養成施設で、 所定の課程を履修して卒業すれば、取得できます。

【営業許可取得の手続きの手順】

1 保健所へ相談

物件が決まったら、所轄の保健所に相談へ。許可に必要な設備などについて教えてもらいましょう。それを設計士に伝え、図面を作ってもらいます。

2 規定の基準に合格する店舗をつくる

図面を持って、再度保健所へ行きます。

3 申請書類の提出と検査日が決定

完全な図面ができたら、店舗の工事をスタート。同時に、保健所へ必要な申請書類を提出します。検査日をいつにするかの相談もしましょう。

4 保健所担当者が立ち会いで検査実施

決めた検査日に、保健所担当者がお店に来て検査をします。規定の設備が問題なく衛生的であれば許可がおります。

5 営業許可書の交付

交付には1週間〜10日ほどかかります。基本的には、営業許可書が交付されるまで開店はできません。交付日を確認しておきましょう。

営業許可申請に必要なもの

❶ **営業許可申請書（1通）**
❷ **営業設備の大要・配置図（2通）**
❸ **食品衛生責任者資格証明書（1通）**
❹ **水質検査成績証明書（1通）**
❺ **申請手数料**

❶と❷は保健所、❹は店舗オーナーが仲介不動産屋から入手。❸と❹はコピーでも可。営業許可申請書は自宅のある場所ではなく、お店を営業する地区を管轄する保健所へ提出すること。

● **移動カフェの場合**　通常の店舗と同様、保健所からの営業許可が必要です。提出書類には「仕込み場所営業許可書のコピー」が追加で必要になります。

● **深夜12時過ぎにアルコールを扱う場合**　「深夜酒類提供飲食店営業」として、公安委員会へ届け出が必要です。店舗の平面図、照明・音響の設計図、営業許可の写しなどの書類が必要になります。詳しくは最寄りの警察署で確認を。

● **手作りケーキのテイクアウトサービスを行う場合**　飲食店営業だけでなく「菓子製造業」の営業許可も併せて必要になります。

● **動物を店内で飼ってお客とふれあう、動物カフェの場合**　第一種動物取扱業の登録が必要です。管轄の都道府県または政令市の動物愛護管理行政担当部局に問い合わせを。

STEP 16

店の広さ、メニューの内容からスタッフの人数を決める

ひとりでまわすのは大変。最初だけでもヘルプ要員を

お店のオープンに向けて、最終的な詰めの時期。ここでの課題は「スタッフをどうするか」です。

「いくら利益が出るかわからないし、人を雇う余裕があるかわからない」とはいえ、厨房で料理を作りつつ、接客も自分ひとりで行うのは、かなり無理があるといえます。

では、何人のスタッフを準備すればいいのか。どんなに小さなお店でも常時2名（自分も含め）いるのが理想です。たとえば30〜40坪の店舗の場合、席数は45〜60席となるため、キッチンスタッフは2名、ホールスタッフは2〜3名が最低でも欲しいところ。

まだ慣れないオープン当初だけ、家族や友人などに手伝ってもらうのもひとつの方法です。でも、長く勤めてもらいたい人が欲しい場合は、店舗工事を進めている段階から、店先に張り紙をして、スタッフ募集の告知をしておきましょう。この方法でスタッフの応募があったという店主が多くいました。

【スタッフを雇うときの注意点】

1 費用のかからない求人方法を考えよう

2 経験者ならば、どんなことができるのかを聞いておこう

3 面接では、自分やほかのスタッフとの相性もチェック！

4 「接客のルール」をつくっておき、理解してもらおう

5 オープン日から働きはじめるのではなく、事前に練習ができるようなスケジュールを組んでおこう

6 人を雇う場合は、税務署に「給与支払い事務所等の開設の届出書」の提出が必要

7 アルバイトのほうが経験豊富でも、自分がオーナーであることを自覚し、堂々と構えること！

STEP 17

万が一に備えて 保険に加入するのを忘れない

年間5万円前後。資金繰りに入れておこう

もしもの火事、盗難、事故……。オープン前から、そんな縁起でもないことは考えたくありませんが、火を使い、不特定多数の人が集まるお店をはじめるわけですから、店主としては、「万が一」に備える必要があります。

そのために、オープン前に保険に加入することをおすすめします。保険費用は、保険会社や保険内容によってまちまちですが、年間5万円前後がだいたいの目安。各社の保険料を比較できるインターネットのサイトがあるのでチェックしてみましょう。そしてこの保険料も、資金繰りの支出の中に入れておきましょう。

カフェの経営に役立つのは、幅広く損害や費用を補償する「店舗総合保険」など、下記のような保険。ほかに、スタッフを雇う場合は「労働者災害補償保険」、ビルのテナントに入る場合は「借家人賠償責任保険」など、営業形態によって加入すべき保険が加わります。

【カフェ経営に役立つ保険】

店舗総合保険	店舗、店舗兼住居などの建物とその建物内の動産（什器、備品、商品、材料など）について、幅広く損害や費用を補償。
賠償責任保険	施設内で発生したお客さんのけがや盗難など、お客さんに対する賠償を補償。
物損害保険	火災や器物破損、盗難の際のお店の設備や什器などに対する損害を補償。
店舗休業保険	店舗が偶然な事故により損害を被った場合などにより、営業が休止または阻害された場合の損害を補償。

STEP 18

シミュレーションを重ねて完璧な状態で開店に臨もう！

近所の人や友人を相手に練習しておこう

店舗工事も無事終了！この頃には厨房の設備や機器も整っているはずです。用意した食器や調理器具の置き位置を決め、実地練習のスタートを。実際にメニューの料理を作ってみましょう。「オープンしてから徐々に慣れれば……」なんていう人もいますが、それはとても危険な考え。

「新しいお店なのだから、頼んだ料理が出てくるのが遅くても仕方がない」などと言ってくれるお客さんはいません。もちろん、接客にしてもしかり。何分で料理ができ、それをどれだけ早くお客さんに出せるか、オープンまでにしっかりとシミュレーションしてスムーズに対応できるようにしておきましょう。

開店2～3日前くらいには、近所の人や親しい人たちに声を掛け、調理と接客のトレーニングをしてみましょう。お店を支えてくれるのは何といっても近所の人たち。その人たちへのサービスも必要不可欠です。

【直前→オープン当日→直後の流れ】

直前

調理＆接客のシミュレーションをする

メニューの料理を作り、どれに何分かかるかも事前に把握しておきます。あいさつや立ち居振る舞いなど、接客サービスの練習も行います。

↓

当日

スマイル＆スマイルで今日一日がんばろう！

スタッフみんなの気持ちがひとつになるよう、店主としてリーダーシップを発揮しましょう。客席と厨房の両方に目を配り、作業がスムーズに流れているかのチェックを。

↓

直後

2カ月間は無休覚悟でお店をオープン

オープンしたらしばらくは無休で営業する方法も。どの曜日が暇で、夜は何時まで営業すればいいのかが見えてくるからです。それから、定休日の決定をするのがベストです。

【オープン直前チェックポイント】

下記の項目を確認して、□の部分にチェックマークを入れていきましょう。

□ 厨房設備はちゃんと動く?

□ 空調設備はちゃんと動く?

□ 照明の電球は切れていない?

□ 食材はすべて揃っている?

□ 看板はできている? すぐにセッティングできる?

□ メニューブックはできている?

□ ショップカードはできている?

□ 伝票を用意している?

□ スタッフ全員がメニューの説明をきちんとできる?

□ おつり(小銭)を用意している?

□ 店内はもちろん、トイレも掃除がきれいにできている?

□ 店内を見渡して、お客さまに見られてマズイものはない?

□ スタッフ全員の身だしなみはOK ?

Column

先輩店主たちの体験談
オープン直前編

準備万端で余裕しゃくしゃくか、はたまた忙しくパニック寸前か……。
オープンを間近に控えたときのお話です。

プレオープンで飲みすぎて
オープン初日は大失態を……

オープン前日に知人、友人を集めてプレオープンのパーティーを催しました。気心の知れた仲間たちということもあって、みんなと一緒にお酒を飲んでいるうちに楽しくなってきてベロベロに酔っ払ってしまいました。結局翌日の朝まで飲み続けることになってしまい、オープン当日はもちろん二日酔いです。料理は準備不足で当日作れるものだけになってしまっただけでなく、材料がなくなったら慌てて近所に買いに行くという散々な事態に。お客さんは、「いいよ、いいよ」と笑って許してくださいましたが、これでは予行練習としてのプレオープンの意味がない。プレオープンはもっと前にやるべきと痛感しましたし、招待客と一緒になって飲んでいてはダメだと反省しました。

「torse」(p.12) 山口敦司さん

同じような客層の美容院経営者から
的確なアドバイスをもらいました

オープン1週間前、夜の営業の時間帯に知り合いを20人くらい呼んでレセプションをしました。料理の感想だけでなく、いろいろなアドバイスを聞くことができたので良かったです。なかでも女性客の多い美容院経営の先輩からは、「このお店も女性客が多くなると思うから、アメニティーグッズをトイレに置くといいよ」と言われ、なるほど！と思いました。すぐにコットン、爪楊枝、綿棒を洗面所に準備。案の定、お客さんにとても好評でした。もちろん今でも続けています。

『cafe・hakuta』(p.56) 白田真弓さん

Chapter.4

カフェ開業＆続けるために必要なお金の話

「カフェをやりたい！」という強い思いばかりがあっても、
やはり先立つものがないと、実現は難しいもの。
開業のために必要な資金、足りない場合の借入の方法など、
開業に必要なお金のお話です。
ちょっと先の、続けていくためにかかるお金のことも併せてご紹介。

POINT

1

開業に必要な資金を割り出してみる

最大の出費の物件取得費は物件によって条件が異なる

開業にかかったお金は「DOux CAFE」（80ページ）のように230万円のお店もあれば、2000万円（ただし、土地取得費含む）以上のお店もあります。こんなに幅があると一概にいくら必要とはいえませんが、すべて自己資金でまかなうのが理想です。最低でも必要な資金の60％は自己資金と考えましょう。

その資金の内訳は①店舗物件取得費②内外装・設備工事費③什器・備品費④仕入れ費⑤広告・宣伝費となります。

一般的にこの中で最大の出費は店舗物件取得費で、敷金（保証金）、礼金（権利金）、前家賃、不動産屋への手数料が必要となります。最も高額なのが敷金（保証金）で、契約終了時に返却はされるものの、償却額が差し引かれます。店舗物件の場合、住居用とは異なり、家賃の2カ月分などという目安はなく、物件によって金額はさまざまです。

【 開業資金の算出例 】

カフェズ・キッチンの富田佐奈栄先生に開業資金を算出してもらいました。

総投資額の坪単価2〜3万円が大きな目安

一番気になる家賃は、右記の物件と立地だと坪単価2〜3万円がひとつの目安です。それより高い場合は、交渉の余地がありそうです。店舗取得費は、敷金の代わりに保証金の場合もあります。その場合は家賃の6〜10カ月分がひとつの目安に。また、内外装工事費のほか、電気・空調、給排水の工事も必要になるため700〜1000万円は用意したいところです。什器・備品費には、厨房機器、イス・テーブル、食器・調理器具などが含まれます。

ドリンク中心のカフェの場合

〈立地条件〉

東京・京王線明大前駅より徒歩３分

(東京都世田谷区)

- 駅にほど近い住宅地
- 家賃20万円
- 築年／2000年
- 鉄骨・1階
- 敷金2カ月・礼金6カ月
- 保証金／なし
- 使用部分面積/49.75平米(15.05坪)

店舗物件取得費	180万円
内外装工事費	700〜1000万円
什器・備品費	200〜300万円
仕入れ費	25〜30万円
広告・宣伝費	5万円
合計	1110〜1515万円

【開業に必要な資金のチェックシート】

自分が欲しい物件を想定して、必要な資金を出してみましょう。

什器・備品費		
	厨房機器	円
	イス・テーブル	円
	レジスター	円
	食器・調理器具	円
	業務用消耗品	円
	メニューブック・立て看板などの製作費（15万円前後が目安）	円
	音響設備（10万円前後が目安）	円
	小計	円

仕入れ費		
	食材	円
	消耗品など	円
	その他	円
	小計	円

広告・宣伝費		
	ショップカード	円
	チラシ	円
	求人募集	円
	その他	円
	小計	円

店舗物件取得費		
	敷金	円
	礼金	円
	保証金	円
	権利金	円
	不動産仲介手数料	円
	家賃1カ月分	円
	その他	円
	小計	円

内外装・設備工事費		
	内外装費（坪あたり60万円が目安）	円
	設備工事費（坪あたり20万円が目安）	円
	空調工事費（5馬力）	円
	その他	円
	小計	円

合計

円

POINT

2

開業後に必要な運転資金を想定してみる

目安は現金での支払総額の3〜6カ月分

オープン直後（お店が軌道にのるまで）のことも頭に入れて、運転資金も準備しておきたいものです。金額は現金での1カ月の支払総額の3〜6カ月分が理想。資金を借り入れる場合も、あらかじめ運転資金分を想定したうえで申請したほうがいいでしょう。

運転資金には①店舗維持費②人件費③仕入れ費④備品費⑤諸経費などがあります。この中で①と②は、売上の状況にかかわらず、決まった額を定期的に支払わなければいけません（固定費）。この固定費の割合が高くなるほど、お店の運営は苦しくなります。最初から固定費は低く設定するように努力をしましょう。そして、お店を管理するのに必要なのが下記の資金繰り表です。事前に入出金を予測して書き込み、「当月資金残高」がマイナスになったら要注意！あきらかに資金不足になりつつあるため、何か手だてを考える必要があります。

【開店後の運転資金を予測してみる】

（単位：円）

		項目	開店時	4月	5月	6月	7月
月初手許資金（A）				1,500,000	1,200,000	1,210,000	1,385,000
営業収支	収入	現金売上		600,000	700,000	800,000	900,000
		クレジット売上（売掛金）			200,000	300,000	400,000
		その他収入					
		計（B）	0	600,000	900,000	1,100,000	1,300,000
	支出	現金仕入		100,000	110,000	120,000	130,000
		前月分の掛仕入（買掛金）			200,000	250,000	300,000
		人件費		100,000	100,000	100,000	100,000
		店舗家賃		150,000	150,000	150,000	150,000
		水道光熱費		15,000	15,000	20,000	20,000
		消耗品費		300,000	80,000	50,000	30,000
		リース料		50,000	50,000	50,000	50,000
		広告宣伝費・販売促進費		30,000	30,000	30,000	30,000
		支払利息		5,000	5,000	5,000	5,000
		その他経費		100,000	100,000	100,000	100,000
		計（C）	0	850,000	840,000	875,000	915,000
	営業収支（D）＝（B）－（C）		0	-250,000	60,000	225,000	385,000
その他収支	収入	手許金	500,000				
		借入金（運転資金分）	1,000,000				
		その他					
		計（E）	1,500,000	0	0	0	0
	支出	借入金返済		50,000	50,000	50,000	50,000
		その他					
		計（F）	0	50,000	50,000	50,000	50,000
	その他収支（J）＝（E）－（F）		1,500,000	-50,000	-50,000	-50,000	-50,000
当月収支（D）＋（J）			1,500,000	-300,000	10,000	175,000	335,000
当月資金残高（H）＝（A）＋（D）＋（J）			1,500,000	1,200,000	1,210,000	1,385,000	1,720,000

当月収支がマイナスのため資金残高が減

当月収支のプラスが続き資金残高が増加

資金の出入りを確認するための「資金繰り表」。資金不足になっても、家賃などを支払う期日は容赦なくやってきます。そんなとき、実収入が少なくても滞ることなく支払えるようにしておくために必要なのが運転資金です。

【開業後に必要な資金のチェックシート】

運転資金がどれくらい必要になるのか、書き込んでみましょう。

備品費	備品	円
	事務用品	円
	消耗品	円
	その他	円
	小計	円

店舗維持費	家賃	円
	管理費	円
	共益費	円
	水道・光熱費	円
	その他	円
	小計	円

諸経費	通信費	円
	広告宣伝費・ 販売促進費	円
	その他	円
	小計	円

人件費	給料	円
	通勤交通費	円
	その他	円
	小計	円

仕入れ費	食材	円
	その他	円
	小計	円

合計

円

POINT

3

自分が用意できる資金を算出してみる

自己資金を把握する。保険や株券の確認も忘れずに

開業資金と開業直後の運転資金のだいたいの金額が出たら、次はそれをどう用意するかを考えなくてはいけません。当然、借り入れるという方法がありますが、できる限り自己資金（60％以上、理想的なのは100％！）でまかないたいものです。また、忘れがちなのが今加入している保険。保障内容の確認も兼ねて見直してみましょう。ここで、自分の資金力を具体的に算出してみましょう。たとえ、公的機関などから調達するにしても、自己資金をどれだけ用意できるかが、融資・出資の条件となることが多いため、綿密に洗い出しておくことが大切です。

この本で登場した14店の店主のうち、10人は自己資金だけ（親や親戚から借りた方法も含む）で開業に至っています。借り入れがないということは、オープン後の運営のやりくりがスムーズにいくばかりでなく、精神的にもずっとラクになるそうです。

【自己資金がいくら用意できるか考えよう！】

保険や株券は？

こういうときは、現在自分が加入している保険を見直す良い機会。付き合いで入った保険などは解約して換金する方法も。また、株券などを売りに出して（もちろん市場を見極めたうえで）資金に充てるのも一手です。

積立金などは？

「お店をはじめるために！」とコツコツと貯めてきた積立金、または、サラリーマン時代に貯めた財形貯蓄などはどれくらいある？

預貯金は？

預け先を分散している人は、全部まとめてみて。ずっとほったらかしにしている口座がないかの確認も。脱サラして開業を考えている人は、退職金は全額預貯金しておいて、開業に充てるつもりで。

当面の生活費も忘れずに考えよう！

お店のことで頭がいっぱいで、つい忘れてしまいがちな自分の生活費。特にひとりで生活している人や養う家族がいる場合は、最低でも3カ月分は用意しておきたいもの。

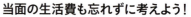

POINT 4

足りない資金を調達。でもその前にもう一度考えよう

借りるのは最後の手段。節約、縮小などの方法も考えて

自己資金の算出ができたら、足りない資金額がわかってきます。よし、これで不足分の資金調達にかかろう！と思うのはまだ早計です。もう一度、151ページと153ページのチェックシートを見直して、節約や縮小できる部分がないかを検討してみましょう。開業資金を抑えようと考えることは、開店後のコスト削減にも役立ちます。

節約や縮小を含め、資金調達の前にもう一度じっくり考えたいのは下記で紹介しているような内容。不足分を借りるのは最後の手段と考えます。開業日を決めて準備をはじめることは大切ですが、肝心な資金が足りない場合は、開業日を延ばすことも視野に入れましょう。

注意したいのは、資金を惜しんだばかりに、自分の納得したお店づくりができなくなること。納得できる妥協点を見つけることも、ときには必要です。

【資金の調達の前に、もう一度考えたいこと】

最初に算出した開業資金

1 自己資金を増やす

「あといくら貯める！」と明確な目標額を決め、働いてお金を貯める。借り入れをしないために、開業を延ばすのも方法のひとつと考えて。

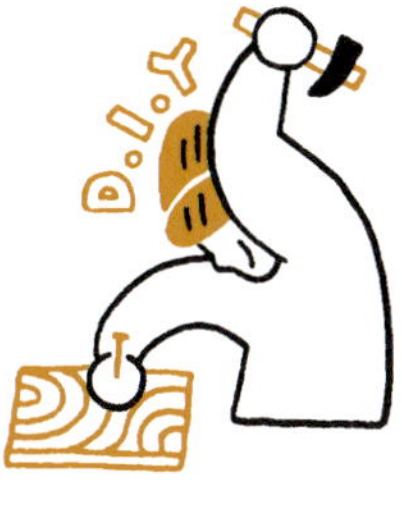

2 開業資金を減らす

内装工事は自分でやる、什器や備品などは中古を狙うなど、節約できる方法を考える。また、店舗を予定より狭くするなど、資金に合わせて縮小する方法も。

3 不足分を援助してもらう

親や兄弟から援助してもらう、または、国や自治体の補助金を利用する方法も。什器や備品などの現物をもらう方法もある。

4 不足分を借りる

1～3の方法を使ってもどうしても足りない！というときに最後の手段として、日本政策金融公庫などの公的機関、銀行などの民間金融機関、市民団体などから借り入れをする方法。同じ借りるにしても、できれば親や兄弟にお願いし、利息はなしにしてもらえればベスト。

POINT 5

本当に足りない分はいくら？ 調達する金額を決める

【調達する金額を計算しよう】

1 当初の予定で不足分を計算

自己資金額（154ページを参考に算出）

❶ ＿＿＿＿＿＿＿＿＿＿＿＿ 円

必要開業資金（151ページで算出）

❷ ＿＿＿＿＿＿＿＿＿＿＿＿ 円

必要運転資金（153ページで算出）

❸ ＿＿＿＿＿＿＿＿＿＿＿＿ 円

調達資金［❶－（❷＋❸）］
マイナスになった分は不足分

❹ ＿＿＿＿＿＿＿＿＿＿＿＿ 円

2 ❹がマイナスになったら必要資金額を再検討

減額できる必要開業・運転資金額
（155ページを参考に算出）

❺ ＿＿＿＿＿＿＿＿＿＿＿＿ 円

3 最終的な不足分を計算

❹（マイナスの場合）＋❺

＿＿＿＿＿＿＿＿＿＿＿＿ 円

限界まで下げた必要資金をチェックしてもらう

必要な開業資金と運転資金、そして準備できる自己資金の見直しができたところで、ここで再度の見直しを行いましょう。なくてもいいものはカットし、必要なものは少しでも安くする方法をとことん探します。

そして、限界まで下げたと思った時点で、今度は実際にお店（他の業種でも可。知り合いやそのツテを使って探しましょう）を経営している人にチェックしてもらいましょう。経験者の目はシビアでリアリティがあります。より節約・縮小できるポイントを教えてくれるかもしれません。

ここまでしてようやく、本当に不足する金額が出てきます。その計算方法は左記を参考に。不足分の調達方法は借り入れをするのがほとんど。つまり借金をすることなので、ここでの金額の算出は綿密に行いましょう。

POINT 6

どうしても足りない資金の調達方法を決める

個人経営、新規事業では借り入れが困難な調達先も

足りない資金の主な調達方法は「借り入れる」と「援助してもらう」の2つ。ほかに「出資を受ける」という方法もありますが、出資とは会社など法人の一部、または全部の所有者になってもらうことになるので、個人経営のカフェは難しいのが現実です。

借り入れるにしても、すぐに思いつく大手の銀行は期待薄。実績のない新規事業開業者が大手の銀行から融資を受けることは非常に困難です。個人商店などの新規開業者にとって、最も一般的なのは日本政策金融公庫です。ここは地域や業種に偏りなく幅広く融資を行っています。

また、国、都道府県、市区町村といった行政がそれぞれの単位ごとに、積極的に融資を行っているケースも増えています。ほかに、地域社会の担い手となる事業や女性の起業へ融資を行うＮＰＯバンクなどの機関もあります（詳細は158ページ参照）。

【資金調達の主な方法】

借り入れる

- 日本政策金融公庫
- 銀行や信金などの民間金融機関
- 国や自治体の融資制度
- NPOバンク
- 家族や知人

援助してもらう

- 国や自治体の補助金
- 起業コンテストなどの賞金
- 家族からの援助

POINT 7

金利や返済期間など条件の良い調達先に決める

好条件の調達先には情熱と計画性を持って臨む

借り入れは、元金に加えて利子も返さなければいけません。できるだけ低金利、そして、開業後に無理のない返済ができるような返済期間を設けている機関を選びましょう。

これらの条件を満たすのは、下記で紹介した機関がメイン。この中でもよく知られているのが政府が運営している金融機関である日本政策金融公庫。物件取得の費用、工事や設備など開業にかかるすべての見積もりが揃って、開業に必要な予算がいくらになるかを明確に出したうえで、情熱や計画性がどれだけあるかを審査され、融資可能かどうかが決まります。そのためには提出する「創業計画書」の書き方が大変重要になってきます。160〜161ページに書き方のポイントを紹介していますので参考にしてください。

下記の借り入れ先の中から、自分に合った条件のところを探しましょう。

【借り入れ先の例】

創業支援として 無担保・無保証人の融資を行う **日本政策金融公庫**	特別な法律に基づく株式会社で、政府が株式の100％を常時保有しています。一般の民間金融機関からの資金調達が困難な小規模事業者へ、創業支援として無担保・無保証人の融資制度があります。カフェを開業する人ならば、「生活衛生新企業育成資金」「女性、若者／シニア起業家支援資金」「新規開業資金」などの制度を利用できる可能性があります。
社会貢献型カフェなら 借りられる可能性がある **NPOバンク**	社会貢献や地域活性化のためなどを目的としたカフェならば、借りられる可能性があります。全国にあるNPOバンクごとに審査基準や審査方法が異なります。
金利の一部を負担する 利子補給制度もある **自治体の融資制度**	自治体がその地域に住む人や事業所を構える人を対象に行っている融資制度で、「創業支援金」「創業補助金」など、自治体によって名称は異なります。市区町村の場合、金利の一部を自治体が負担する利子補給制度を設けているところもあります。

資金計画など創業に必要な知識を身につけられる「創業スクール」

中小企業庁では、創業を予定している人を対象に、経営、マーケティング、会計、税務、ビジネスプラン作成の支援など、創業に必要な実践内容などの講義をしてくれる「創業スクール」を開催。平成28年度の場合は全国約135カ所で開講。

Column

オープンから3年間は投じたお金の回収期間

開業後3年間で取り戻すべき金額をきちんと認識できていれば、自分の身の丈に合った創業計画が立てられるのです。

1カ月にいくら利益が出せるかを考えれば、初期投資額が見えてくる

飲食店の場合、一般的に3～5年で初期投資を回収するのが理想といわれています。

初期投資に1200万円かかるお店をつくると仮定した場合で考えてみます。3年で回収するとしたら、1年に400万円、1カ月にすると約33万4000円。つまりは、1カ月に33万4000円の利益を出していかないと、3年で初期投資が回収できないということになります。これはあくまでも利益（借り入れ金の返済や必要経費を除いたもの）であって、売上ではないので注意を。

これを逆に考えると、1カ月に10万円の利益しか見込めないのなら、1年で120万円、3年で360万円になり、初期投資にかけられるのは360万円というわけです。1カ月で10万円の利益で十分と考えている人が、360万円以上の初期投資をしてしまうと、3年でそれを回収できなくなり、苦戦を強いられることになります。

開業後3年間で取り戻すべき金額を認識していれば、自分がどのくらいのお店を持てるのかをシビアに認識することができ、自分の身の丈に合った創業計画書が立てられるはずです。

現金すべてが利益でないことを認識しておくこと

カフェは現金商売。毎日の売上が現金として手元に貯まっていくので、儲かっているような気になりがちです。でも、それはあくまでも売上であって利益ではありません。そこからさまざまな経費が引かれていくことをしっかりと認識しておきましょう。

オープンから3年間は投じたお金の回収期間という自覚を持ち、ぜいたくをしないで、利益を出すように運営していきましょう。

【創業計画書の記入ポイント】

日本政策金融公庫に融資を申請する際、必ず提出しなければならないのが「創業計画書」。
あなたがお金を貸すに値する相手かを判断される重要な書類です。
カフェ開業に対する情熱や、借りたお金をしっかり返せることを裏づける数字が必要です。

p.152～153を参考に運転資金を算出しましょう。目安は1カ月の支払総額の3～6カ月分です。

店舗物件取得費、内外装工事費、什器・設備費など項目別に明記し、見積書も添付します。

必要資金の60％以上の自己資金があるのが理想。

家族や知人から借りる場合でも、返済条件などはきちんと明記すること。

必要な資金と調達の資金の合計は必ず一致させておくこと。

売上高に理想の高い数字を記入すると「事業計画が練れていない」と判断されます。地域・立地条件を加味しながらp.164～165を参考にして算出します。人件費には従業員予定数も記入。その他の経費も具体的に項目ごとに算出しておきます。

☆　この書類は、ご面談にかかる時間を短縮するために利用させていただきます。
　　なお、本書類はお返しできませんので、あらかじめご了承ください。
☆　お手数ですが、可能な範囲でご記入いただき、借入申込書に添えてご提出ください。
☆　この書類に代えて、お客さまご自身が作成された計画書をご提出いただいても結構です。

5　従業員

常勤役員の人数（法人の方のみ）	人	従業員数（うち家族）	人（　人）	パート・アルバイト	人

6　お借入の状況（法人の場合、代表者の方のお借入れ（事業資金を除きます。））

お借入先名	お使いみち	お借入残高	年間返済額
	□住宅　□車　□教育　□カード□その他	万円	万円
	□住宅　□車　□教育　□カード□その他	万円	万円
	□住宅　□車　□教育　□カード□その他	万円	万円

7　必要な資金と調達方法

	必要な資金	金額	調達の方法	金額
設備資金	店舗、工場、機械、備品、車両など（内訳）	万円	自己資金	万円
			親、兄弟、知人、友人等からの借入（内訳・返済方法）	万円
			日本政策金融公庫　国民生活事業からの借入	万円
			他の金融機関等からの借入（内訳・返済方法）	万円
運転資金	商品仕入、経費支払資金など（内訳）	万円		
合計		万円	合計	万円

8　事業の見通し（月平均）

		創業当初	軌道に乗った後（　年　月頃）	売上高、売上原価（仕入高）、経費を計算された根拠をご記入ください。
売上高①		万円	万円	
売上原価②（仕入高）		万円	万円	
経費	人件費（注）	万円	万円	
	家賃	万円	万円	
	支払利息	万円	万円	
	その他	万円	万円	
	合計③	万円	万円	
利益①－②－③		万円	万円	

（注）個人営業の場合、事業主分は含めません。

ほかに参考となる資料がございましたら、計画書に添えてご提出ください。

（日本政策金融公庫　国民生活事業）

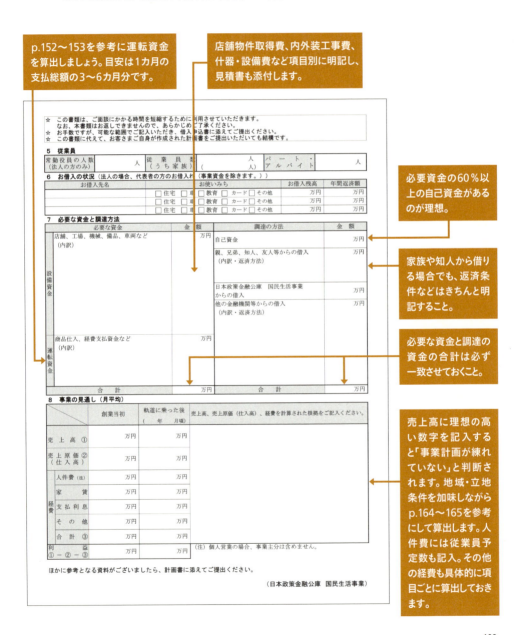

カフェの経験がなくても飲食店での勤務経験があれば必ず記入すること。

カフェを経営できると思った客観的な理由、経営方針、創業への準備の度合いなどを自分の言葉で具体的に書きます。

セールスポイントには自分の思いだけでなく、ターゲットをどうとらえているかも記入しておきましょう。

販売先はカフェに来るお客さん、つまり「一般個人」になる。周辺環境から「オフィス街にあるため、ビジネスマンのランチが見込める」「幼稚園の近くにあるため、ママたちに利用されやすい」など、獲得できそうな客層も書き添えておきましょう。

仕入れ先のめどが立っていれば、契約書や見積書なども添付します。

創　業　計　画　書　　〔令和　　年　　月　　日作成〕

お名前

1　創業の動機（創業されるのは、どのような目的、動機からですか。）

	公庫処理欄

2　経営者の略歴等

	年　月	内　容	公庫処理欄
経営者の略歴			
	過去の事業経験	□ 事業を経営していたことはない。 □ 事業を経営していたことがあり、現在もその事業を続けている。 □ 事業を経営していたことがあるが、既にその事業をやめている。 （⇒やめた時期：　　年　　月）	
	取得資格	□ 特になし　□ 有（　　）	
	知的財産権等	□ 特になし　□ 有（　　（□ 申請中　□ 登録済　））	

3　取扱商品・サービス

		公庫処理欄
取扱商品サービスの内容	①　　（売上シェア　　%）	
	②　　（売上シェア　　%）	
	③　　（売上シェア　　%）	
セールスポイント		

4　取引先・取引関係等

	フリガナ 取引先名 （所在地等）	シェア	掛取引の割合	回収・支払の条件	公庫処理欄
販売先	（　　）	%	%	日〆　　日回収	
	（　　）	%	%	日〆　　日回収	
	ほか　　社	%	%	日〆　　日回収	
仕入先	（　　）	%	%	日〆　　日支払	
	（　　）	%	%	日〆　　日支払	
	ほか　　社	%	%	日〆　　日支払	
外注先	（　　）	%	%	日〆　　日支払	
	ほか　　社	%	%	日〆　　日支払	

人件費の支払	日〆　　日支払（ボーナスの支給月　　月、　　月）

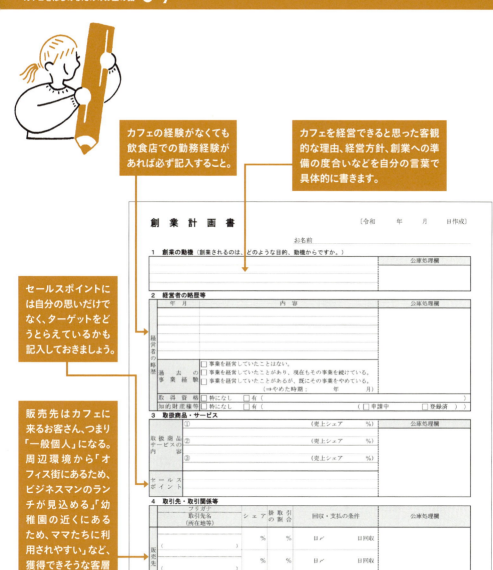

POINT 8

メニューの売価は原価や相場を考慮して決める

綿密な計算が必要だが自分の直感も大切に！

コーヒー1杯を一体いくらにすれば……。はじめてお店を経営する人にとって、メニューの売価設定は未知の世界のはず。売価を決める検討材料として、下記のように「原価」と「相場」があります。どちらにしても、きちんと利益を出す設定にしなければいけません。そのためには、原価率と粗《あら》利率を算出しておきましょう。

原価率とは、売価に対する原材料費の割合のこと。一般的にドリンクなら10～20％、料理なら20～30％がいいといわれています。1000円のランチの原材料費が250円なら、原価率は25％で標準レベルということ。左ページの算出方法をもとに、1品ずつ計算してみましょう。

ただ、自分の「直感」も大切にしたいところです。「この場所でランチに1000円は高すぎるな」と感じたら、使う食材などを見直して、原価率を下げる工夫をするべきです。

【メニュー売価決定の検討材料】

相場から

近くにある競合店の質と価格の相場を調べて、どの価格帯が中心で、どれだけ売れているかにもとづいて自分のお店の価格を設定します。ニーズからかけ離れることがないというメリットがありますが、他店との差別化が必要で原価率が高くなる場合もあります。

原価から

仕入れ値、廃棄する（皮や葉など使えない部分）割合、仕込みに必要な手間、売上予想などから利益を出せる価格を設定します。これなら確実に利益の出る売価にすることができます。ただ、相場やニーズに合わない場合があるというデメリットがあります。

【メニュー売価の算出方法】

原価率（%）＝ 原材料費 ÷ 売価 × 100

※原材料費 ＝ 材料費 ＋ ロス率

光熱費や水道代などは入りません。
使用する食材のみの費用です。

原材料の調理失敗や廃棄などによるロスの割合。

材料費に対しての一般的なロス率の平均

- ドリンク3％
- アルコール3％
- パン、ケーキ、お菓子、デザート3～5％
- 料理5～7％

粗利率（%）＝ 100（%）－ 原価率

希望価格の粗利率の平均

- ドリンク80～90％
- パン、ケーキ、お菓子、デザート80～90％
- 料理70～80％

例　コーヒー1杯の粗利率を90％（原価率を10％）にしたい場合の売価の出し方

（
原価
コーヒー豆1杯分10g＝30円
スティックシュガー1本＝2円
コーヒークリーム10ml＝5.4円
）

↓

原材料費＝（30＋2＋5.4）円＋ロス率3％＝38.52円

↓

38.52÷x（売価）×100＝10（原価率）
x（売価）＝385.2円
※%計算は小数点第2位を四捨五入、売価は銭の単位まで出します。

↓

コーヒー1杯の売価は385円に設定する！

POINT 9

売上目標を設定して収支計画を立てる

いくらで仕入れて、いくらで売ればいいのかを考える

カフェを商売として成り立たせていくためには、しっかりと売上を出す必要があり、利益を出せる仕組みづくりをしなければなりません。

では、どのように計算すればいいのか。まずは売上目標を設定します。目安は「売上高＝客単価×客数」。

とはいえ、立地によっては昼と夜、そして平日と休日によって客単価や客数も異なってきます。つまり、売上高を予想するうえでも、店舗物件の市場調査データがおのずと基本になるわけです。

これに対して、原材料費と人件費の割合が売上の60％以内、諸経費が10％。家賃や減価償却費、支払金利は売上高の増減に関係なく一定金額なので初期条件といわれますが、これが合計で売上全体の10～20％が目安です。それらの諸経費すべてを引いた数字が利益となります。難しいのは客数の出し方。下の数式で算出してみましょう。

【売上目標の立て方】

● 売上高の計算方法

売上高 ＝ 客単価 × 客数

※昼と夜、平日、休日によって客単価、客数が異なるので別々に算出。

● 客数を算出する2つの方法

1 吸引率から客数を算出する方法

客数 ＝ 店の前の通行量（人）× 吸引率（％）× 営業日数（日）

※吸引率とは、通行人のうち、自分の店のお客になってくれる可能性のある人の割合。通常は0.7～0.9％が目安。0.1％刻みで3通りの吸引率から客数を出してみる。

2 客数の回転数から算出する方法

客数 ＝ 席数×回転数×客席稼働率（％）×営業日数（日）

※回転数は1席あたり1日に何人のお客が入れ替わるかという平均値。ランチタイムで3回転、ティータイムで1回転、ディナータイムで1回転というふうに時間帯別に想定してみる。
※客席稼働率は80％程度で試算。

【売上目標を立てるために必要な損益分岐点の出し方】

損益分岐点とは？

お店を維持するために必要な売上高のデッドライン！

これだけ儲けないと利益がまったく出ないというギリギリのラインを「損益分岐点」といいます。つまり「売上高＝経費」となる金額のこと。では、自分が開業したお店の「損益分岐点」はいくらなのか。数字が見えてくると、自分にとって必要な売上高が具体的に見えてきます。

損益分岐点の出し方

損益分岐点 ＝ 固定費 ÷（1 － 変動費率）

※固定費：売上ゼロでも必ず発生する諸経費……家賃、人件費、減価償却費（車両運搬器具やマシンなどは使えなくなるまでの期間、その価値の低下を必要経費にできます。それを減価償却費といいます）など。
※変動費率：売上の変動によって変動する費用の率。原材料費率や店舗管理費など。

例 あるカフェを例に「損益分岐点」を出してみる

広さ20坪、コーヒーなどドリンクメニューがメインでありながらも、カフェごはんやデザートなどを出しているAカフェの場合。

1 経費（固定費＋変動費）を算出する

● 固定費（1カ月）

家賃	20万円
人件費	60万円
減価償却費	10万円
合計	90万円

● 変動費の算出

コーヒーは1杯400円で原材料費が40円、ドライカレーが800円で原材料費が240円だとすると……。
売値に対する原材料費の割合がコーヒー10％（40円÷400円）
ドライカレー30％（240円÷800円）となります。
※さらに変動する諸経費（変動費）として、店舗管理費などが売上の15％あるとします。

2 全体に対する変動費の割合を算出する

販売比率（1カ月の仕入れに対しての販売の割合）をコーヒー50％、ドライカレー50％だとすると……。

コーヒー　販売比率50％×原材料費率10％＝5％
ドライカレー　50％×　30％＝15％

これ以外の変動費率が売上の15％あったので、
この3つを足すと5％＋15％＋15％＝35％
この35％が、Aカフェ全体の変動費率になります。

3 Aカフェの損益分岐点はいくらに？

固定費90万円、変動費率が35％（0.35）
限界利益率は1－0.35で0.65となります。
これを先ほどの損益分岐点の公式に当てはめます。
90万円÷0.65＝約138万円
ちなみに25日営業とすると、1日あたり138万円÷25日＝5万5200円

まとめ
このお店は1日に、5万5200円を売り上げてはじめて収支が同じになるわけです。これにどれだけプラスできるかで、利益も変わってきます。そのためには、客単価をいくらにすればいいのかが大切になってきます。

POINT

10

営業日報をつけて売れ行きの傾向をチェック

営業日報は多くの経営のヒントに

カフェをはじめたら、毎日、営業日報をつけるようにしましょう。日報は多くの経営のヒントをくれる、貴重なデータベースになるのです。

営業日報の書式は、自分が使いやすい書式でOKですが、必ず入れておきたいのが下記の項目です。これらを毎日記録しておけば、1カ月にどのメニューがいくつ出たか、近所でイベントがあった日はどれだけお客さんが増えたか、天候によるお客さんの数など、日々の動向がひと目でわかるようになります。そうすることで、人気メニューの食材を多めに仕入れる、週間天気予報で仕入れの量を決められるなど、ロス軽減にもつながっていきます。

経営を軌道に乗せるためにも、メニューをより良く改善していくためにも、日々の小さな出来事へ配慮するのが大切。しかも、日報は年度末に行う確定申告の際にも役立ちます。

【営業日報に必要な項目】

1 日付

2 天気

「午後3時頃に急に大雨」など、変化があった場合もできるだけ詳しく。

3 客数

家族連れ、女性同士など、できるだけ内訳も記録しておきます。

4 総売上

その日の売上の合計金額を記入します。

5 出たメニューの品名と数

6 レシート添付

レジスターから出たレシート（お客さんに渡したのとは別の保管用）を貼り付けます。

7 感想

近所であったイベントのことなど、その日に起こった出来事をできるだけ詳しく書いておきましょう。

POINT 11

収支をしっかりと把握してお店の運営方法を見直していく

月ごとの売上高がわかる集計表も作っておこう

カフェをはじめてから、店主の毎月の仕事として重要なのが、1カ月の売上と支出を把握することです。この結果にもとづいて、翌月からのお店の運営方法を考えなければいけません。売上については右ページで紹介した「営業日報」をまとめれば、すぐに算出できるはず。支出は、現金で仕入れた際にもらった領収書と仕入れ業者からの請求書、家賃や光熱費などの固定費や人件費、そして借り入れがある場合はその返済額をプラスして、総額を出し、1カ月の収支をチェックします。

月ごとの売上高が年間を通してひと目でわかる「集計表」も作っておくと便利です。忙しい月と暇な月、出費の多い月と少ない月などがわかり、月単位で収支の見通しが立てられます。

こうして営業し、オープンから3年間は開業のために投資したお金の回収期間として捉えましょう（159ページ参照）。

【オーナーの給料は利益ではなく、経費と考える】

利益がすべて自分の給料ではありません！

OK

あらかじめ自分の給料を決めておき、それを家賃や光熱費などと同じ固定費として、経費に計上しておきましょう。

NG

売上から必要経費などの支出を差し引いた金額＝利益＝店主の給料と認識している場合がよくあります。「今月は売上から支出を差し引いたら50万円もあった。50万円も給料なんてサラリーマンよりずっといい！」なんてホクホクしているのでは経営者として失格です。

売上に占める原価率は、一般的に60％といわれています。店主の給料を経費としていれば、それが80〜90％になるはずですが、これでOKなのです。残りの10〜20％が純粋な利益となり、それを運転資金として利用していくようにしましょう。

POINT

12

翌年に慌てないために税金のことを知っておく

給与所得者から事業所得者へ。税金の仕組みはガラッと変わる

会社員時代は勤務先にお任せだった税金の処理も、店主になれば自分自身で行わなければいけません。

カフェを会社組織（法人化）にするのと、個人営業では税金の仕組みが異なります。自分ひとりやアルバイトを1〜2人雇うくらいの規模であれば、まずは個人営業からはじめるのでいいでしょう。

個人営業の店主は、毎年2〜3月の決まった期間に、税務署へ「確定申告」をしなければいけません。確定申告は文字どおり、自分で所得税を確定させること。1年間の売上から必要経費やさまざまな控除の金額を控除して所得税を算出するものです。青色申告と白色申告の2通りの方法があり、大きな違いは「特典」の有無。青色申告は儲けから無条件で65万円を差し引ける「青色申告特別控除」があります。税金が安くなる特典で、白色申告に比べて節税効果の高い申告制度です。ただ、青色申告は事前に税務署に申請書を提出し、承認を受ける必要があります。

【個人事業主の主な税金】

所得税	1年間に得た所得（収入金額から必要経費と一定の控除額を差し引いたもの）にかかる税金。累進課税といわれ、所得が上がるごとに5〜45％の税率で税金が課せられます。会社員との大きな違いは、1年分をまとめて納税すること。
住民税	1年間に得た所得にかかる地方税。前年分の所得税の確定申告書をもとに計算されるため、税務署に申告書を提出していれば、市区町村に申告の必要はありません。
消費税	前々年の売上高が1000万円を超える場合は、消費税を支払う義務が生じます。

今までは会社の給料から天引きされていたものが、個人事業主になると、すべて自分で支払いをしなければいけません。確定申告を終えてホッとするのもつかの間。5〜7月くらいに、住民税、国民健康保険、国民年金などの納付書が立て続けに届きます。これらに支払いができるよう、現金の確保をお忘れなく。

Chapter.5

はじめる＆
続けるうちに起こる
「困った!」Q＆A

カフェ開業＆営業にまつわるさまざまな疑問にお答えします。
100人以上のカフェオーナーを輩出した、
カフェのエキスパート・富田佐奈江先生（「カフェズ・キッチン」学園長）の意見と、
先輩店主たちのリアルな体験談から、解決の糸口が見つかるはずです。

経営編

Q カフェで働いたことがないけれど、カフェをはじめられる？

A はじめられますが、経験しておいたほうがベター

本書で登場した店主18人のうち、カフェで働いたことがあるのは8人でした。10人の店主が未経験のまま経営をはじめています。経験がなくても、みなさんカフェをはじめて軌道にのせているので大丈夫ですがもちろん経験があるに越したことはありません。

＊＊＊

◉**カフェをはじめると決めてから、それまでカフェで働いた経験がなかったので、大手コーヒーチェーンでバイトを経験しました。徹底したサービスの仕方など、短期間でしたが得るものは大きかったです。**

「おむすびcafe & dining micro-cafe」古川咲織さん

◉**職場の同僚である友人とふたりでOLをやめてすぐにカフェを経営することに。物件探しや開店準備をしながら、数カ月間だけカフェで働き、カフェの仕事の流れを体験しました。**

「BOWLS cafe」生田目恵美子さん

Q お店をはじめるために、何か勉強しておいたほうがいい？

A 絶対のものはないけれど、ヤル気次第で課題はたくさん

これを絶対やらなければいけない！という決まりはないものの、コーヒーの知識や淹れ方、メニューの作り方、サービスの仕方、経営の仕方など、学んでおいたほうがいいことは書き切れないほどたくさんあります。専門書やハウツー本を読んで学ぶこともできますが、カフェ専門のスクールに通うというのもひとつの手段。本書を監修する富田佐奈栄先生が学園長を務める「カフェズ・キッチン」なら、カフェ開業のためのすべてが学べる講座内容になっています。

また、地域創業促進支援事業が開催する「創業スクール」では、独立・開業にあたってのビジネスプランの作成、資金計画、創業手続きなどが学べます。

＊＊＊

◉**前の仕事をしながら、創業スクールに通いました。実践的な講義内容はもちろん役立ちましたが、そこで出会った人とのつながりがカフェ開業時のさまざまな局面で助けになりました。私は地元の人間ではないので余計、創業スクールは人脈を広げるのに良かったのだと思います。**

「しろくまジャム」武馬千恵さん

◉**カフェをはじめると決めてから、自分で作業している内装工事の合間に東京へ行き、カフェ巡りをしました。1店ずつ、どんなインテリアか、メニューブックはどうなっているか、料理の盛り付けはどうしているかなど、全部ノートにメモしました。私だけの手書きのデータベース（笑）は、悩んだときなどに見返すと、ヒントやアイデアがたくさん詰まっていると感じています。**

「DOux CAFE」渡辺志帆さん

Q 食材はどこで仕入れればよい？

A カフェによってさまざま。自分に最適な場所を見つけて

◉**業者に頼むのもひとつの選択。買い物に行く時間が省けるし、新しい食材や、天候で値段が左右される野菜なども安いものを選んで持ってきてくれたりします。**

「cafe-hakuta」白田真弓さん

◉食材の仕入れは1カ所に決めず、そのときに良いものがあればそこで仕入れます。出掛けた先で偶然見つけたものを購入することも。

「BOWLS cafe」生田目恵美子さん

◉無農薬、減農薬の食材を使用したいと思ったので、知り合いに紹介してもらった契約農家から野菜を、そのほかの肉や調味料は自分たちで調べ、生産者と直接会って仕入れを決めています。

「mamma cafe 151A」店部真起さん

◉基本的に食材は素材ごとに良いものを取り扱っている店を自分の足で探して仕入れています。

「GLOBE COFFEE」増本敏史さん

Q 仕入れの量やストック料理の作る量はどうやって決めた？

A 最初は少なめに。続けていくうちにおのずとわかってくる

◉季節や曜日によってお客さんの数が変わるということがわかって、はじめはストック料理とその場で作る料理を半々ではじめました。様子がわかって落ち着いたらストックの量も自然に決まってきました。

「cafe·hakuta」白田真弓さん

◉過去の経験から1日の客数を予想し、ストック料理は客席3回転分としました。

「mamma cafe 151A」店部真起さん

◉見込み客の6～7割の人数分のイメージでやりました。

「BOWLS cafe」生田目恵美子さん

Q オープン前に宣伝はするべき？

A もちろん、するべきです！

お店をはじめれば自然と人は来る、なんて思っていませんよね？ 商売はそんなに甘いものではありません。たくさんの人に来てほしいなら、どんな形であれ、宣伝はするべきです。

＊＊＊

◉チラシを3万枚作り、オープン告知とコーヒー豆の半額セールを記載し、近所へのポスティングや新聞折り込みを業者に依頼しました。

「GLOBE COFFEE」増本敏史さん

◉オープンのお知らせだけを記したチラシを200枚作り、近所に自分たちでポスティングしました。

「torse」山口あゆみさん

◉まったくしませんでした。内装工事が長引いてしまったこともあり、近所では「いったい何ができるんだろう」とうわさになっていたみたいです。オープンからお客さんが集まりすぎると、パニックになってしまうので、それくらいでゆっくりやっていくのがちょうどいいと思いました。

「くろもじ珈琲」砂森聡さん

Q カフェがあまりない地方でカフェをはじめるのに、サービス面で気をつけることは？

A ひとつにこだわるより幅広いメニューを用意。ただ、とことんこだわって成功しているお店も……

◉うちの生徒で、高価なエスプレッソマシンを購入し、エスプレッソ専門のカフェを地方ではじめた人がいました。でも、エスプレッソは根づかなかったそうです。一概には言えませんが、カフェ文化が浸透していない地方では、何かひとつにこだわるより、普通のコーヒーやほかのドリンクメニューなどを充実させたほうがいい場合もあります。

富田佐奈栄先生

◉長野市で開業しました。開業当初はコーヒーとカレーの店にしていましたが、自分でコーヒー豆を焙煎したい気持ちが強くなり、焙煎機を購入。コーヒー豆の販売に力を注ぐため、カレーは開業から1年後にやめました。やめた当時は「カレーはもうやっていないの？」とお客さんから聞かれることもたびたびありましたが、ひとりで営業しているためできることには限りがあります。コーヒー豆の卸しもやるようになったので、売上でいえば、カレーをやっているときよりも多くなりました。

「ヤマとカワ珈琲店」川下康太さん

Q 全席禁煙にしても大丈夫？

A 営業利益のことを考えれば、幅を持たせのるがベター。ただ、全席禁煙のお店も多い

禁煙席については、どこのカフェも悩みどころのようです。喫煙者が減ってきているとはいえ、コーヒーを飲みながらタバコを一服という人もまだいます。

＊＊＊

◉特に定めておらず、フリーです。でもお客さんには大人の気づかいをしてほしいと思っています。たとえば隣の席で食事をしていたらタバコは吸わないとか。

「torse」山口敦司さん

◉テラスのみ喫煙可にしています。

「BOWLS cafe」生田目恵美子さん

◉コーヒーの香りを楽しんでもらいたいので全席禁煙です。

「GLOBE COFFEE」増本敏史さん

◉店内は全席禁煙です。どうしてもという方のみ灰皿を渡して外でお願いしています。

「mamma cafe 151A」店部真起さん

◉カフェ&バーなので、ランチタイムは禁煙、ほかの時間は喫煙可の時間制分煙です。

「cafe·hakuta」白田真弓さん

◉オープン当初は喫煙可にしていましたが、途中から禁煙にしました。禁煙にしたために来なくなるお客さんがいれば、それは仕方ないと腹をくくりました。思ったよりもお客さんは減らなかったです。

「DOux CAFE」渡辺志帆さん

Q　「注文したの、まだですか？」とイライラされることが多い。急いでやっているつもりなのに……

A　**最長10分を目安に用意。最初から断っておく方法も**

ある調査によると、レストランなどでオーダーしたメニューが運ばれてくるまでの時間が10分までならイライラしない、という答えが半数以上。メニューの内容にもよりますが、デッドラインは10分と考えるのが無難です。

＊＊＊

◉少ない人数でお店をまわしているカフェに、グループのお客さんがやって来ることもあるでしょう。どうしても対応が遅くなってしまいそうなときは、席に案内する前に時間がかかる旨を伝えておきましょう。それでもよければ、着席してもらうようにしましょう。

富田佐奈栄先生

Q　ベビーカーの入店はどうしていますか？

A　**ＯＫなお店は、たたんで置く場所を確保**

◉基本ＯＫです。スペースを取る場合は、たたんで店の前に置けるようにしています。

「mamma cafe　151A」店部真起さん

◉ほかのお客さんの快適なスペースの確保、従業員の動線の確保の観点から、たたんで店先に置いて入店をお願いしています。

「cafe･hakuta」白田真弓さん

Q　夜の営業時間を延ばして、お酒のサービスをはじめる「バータイム」を設けたい。気をつけることは？

A　**まずは公安委員会への届け出が必要**

深夜12時を過ぎて営業する場合は「深夜酒類提供飲食店営業」として、公安委員会へ届出が必要です。店舗の平面図のほかに必要な書類がいくつかあるので、最寄りの警察署に確認しましょう。

＊＊＊

◉酔ったお客さんがほかのお客さんに迷惑をかけないよう、気を配ることも大切です。

富田佐奈栄先生

人間関係編

Q 共同経営者と うまくやっていくコツは？

A 役割分担をはっきりさせて相手を尊重する気持ちを忘れない

衝突したときにケンカ別れしないよう、事前に「意見がぶつかったとき、どうするか」を決めておくのも手。互いの立場を尊重する気持ちも忘れないことです。夫婦で経営している人たちも多いですが……。

＊＊＊

◉友達と一緒に開業したい、とよく相談を受けますが、それはやめたほうがいいと忠告しています。経営者として同等の立場をキープしていくのは、無理だと思うからです。どうしても共同経営で、というならば、どちらかが主導権を握り、もうひとりがサポートするという形をとるのがベストです。

富田佐奈栄先生

◉夫婦でお店をやっているので、24時間ほとんど一緒。主にホールの自分は息抜きもできるけど、キッチン担当の妻はなかなかできないので、子どもを幼稚園に送るときなどたまにママ友ランチに行って↘おいでと気分転換をすすめています。

「mamma cafe 151A」店部浩司さん

◉僕は経営、妻は店長と役割がはっきりしているのでうまくいっています。

「くろもじ珈琲」砂森聡さん

Q アルバイトが定着しなくて困った……

A 意外な盲点。店内の作業動線に問題があるのかも

すぐに思い浮かぶのは労働内容に見合わない時給、労働時間などですが、これくらいならオーナーたるもの、すでに気づいているはずですが……。

＊＊＊

◉それはお店の動線に問題があるのかも。動線が悪くて作業がしにくいと、すごくストレスがたまるもの。今いるスタッフに、厨房とホールの動きやすさについて意見を聞いてみましょう。それによって、レイアウト変更をしたほうがいいことになるかもしれません。

富田佐奈栄先生

＊＊＊

スタッフやアルバイトの採用、付き合い方ではどんなことに気をつけているのでしょう。↘

＊＊＊

◉前の職場でも長く働いていた人などを選ぶようにしています。

「torse」山口あゆみさん

◉とにかく褒めて伸ばす。褒める7割、叱る3割です。自分も尊敬してもらえるよう努力しています。また、萎縮されないよう、笑顔も忘れないようにしています。

「BOWLS cafe」生田目恵美子さん

◉今働いている人は、自分から働きたいと来た人を採用しました。また、働く中で、興味のあることに積極的に参加してもらうようにしています。

「GLOBE COFFEE」増本敏史さん

◉今働いている人は、知り合いや店の上階に住んでいる人など。顔見知りなだけにやめにくいという環境の人はいいと思います。

「mamma cafe 151A」店部真起さん

◉お店に馴染んでもらうため、メニュー開発などにも積極的に参加してもらうようにしています。

「cafe-hakuta」白田真弓さん

Q　お店が住宅街の中に。近所付き合いや気をつけることは？

A　コミュニケーションをとり、迷惑をかけない配慮が必要

静かな住宅街の中で、不特定多数の人が出入りするお店は、近所の住民に迷惑と思われがち。お店で流す音楽のボリュームや夜の照明の明るさ、お酒を出すお店なら酔っぱらいが騒がないようになど、繁華街と違って配慮すべきことはたくさん。それ以前に、あいさつをきちんとするなど、人としてのマナーもしっかりと。

その他

Q　ひとりでお店をやっていると、食事やトイレのタイミングが難しい。ほかの人はどうしているのかな？

A　オープン前やお客さんのいない隙を狙って

◉お昼ごはんには少し早い時間ですが、オープン前に食べてしまいます。営業中にお客さんが来るかも……とドキドキして食べるより落ち着いて食べられるので。

「DOux CAFE」渡辺志帆さん

◉トイレは行きたいときに行きます。ただ、お客さんがいるときは食事を提供した後に行くようにしています。

「ツバメおこわ」平野さやかさん

Q　厨房にネズミが出た！どうすれば？

A　自分でも駆除はできるが専門の業者に頼んで、確実に駆除を

開業前に保健所の検査で、ネズミの侵入を防ぐため排水溝などに金網やふたがしてあるかチェックされたはず。それが外れていないか、まずは確認しましょう。

そして、すぐに駆除の対策をとらなければいけません。ネズミは食材を食べてしまうだけでなく、食中毒や感染症を媒介する、カフェにとっては大敵なのです。市販の殺鼠剤を使う方法もありますが、より確実なのは、やはり専門の業者に頼むことです。早ければ早いほど、安く、確実に駆除できます。

監修（Chapter3・4・5）

富田佐奈栄

Sanae Tomita

日本カフェプランナー協会会長。カフェのビジネススクール「カフェズ・キッチン」学園長。大学で食物を専攻し、大手菓子店に入社。カフェの仕事を学んだ後、商品開発研究室に異動となり、数々のヒット商品を生み出す。退社後はレストランやカフェの店舗プロデュース、講師などを経て、佐奈栄学園を設立。2000年には日本カフェプランナー協会を設立。テレビ番組をはじめとする各メディア出演や食品メーカーなどに商品企画やメニュー考案なども行い、数々の本を出版するなどカフェのスペシャリストとして活躍中。

カフェズ・キッチン（佐奈栄学園）

東京都目黒区上目黒1-18-6佐奈栄学園ビル

☎ 03-5722-0378

http://www.sanaegakuen.co.jp

http://www.cafeplanner.net

STAFF

Writer	上島佳代子　川﨑尚美　野呂由香里
Designer	木村由香利（NILSON）
Photographer	深澤慎平　戸高慶一郎
Illustrator	ずっく
Editor & Writer	土田由佳

企画・編集　成美堂出版編集部 川上裕子

カフェをはじめる人の本

編　者　成美堂出版編集部

発行者　深見公子

発行所　成美堂出版

〒162-8445　東京都新宿区新小川町1-7

電話(03)5206-8151　FAX(03)5206-8159

印　刷　株式会社フクイン

ISBN978-4-415-32129-5

落丁・乱丁などの不良本はお取り替えします

定価はカバーに表示してあります